微媒体时代大学生思想政治教育创新路径研究

Weimeiti Shidai Daxuesheng
Sixiang Zhengzhi Jiaoyu Chuangxin Lujing Yanjiu

官芯如 著

中央民族大学出版社
China Minzu University Press

图书在版编目（CIP）数据

微媒体时代大学生思想政治教育创新路径研究／官芯如著．--北京：中央民族大学出版社，2024.7．--ISBN 978-7-5660-2391-9

Ⅰ．G641

中国国家版本馆 CIP 数据核字第 2024GS6623 号

微媒体时代大学生思想政治教育创新路径研究

著　　者	官芯如
策划编辑	舒　松
责任编辑	舒　松
封面设计	舒刚卫
出版发行	中央民族大学出版社
	北京市海淀区中关村南大街 27 号　邮编：100081
	电话：(010) 68472815（发行部）　传真：(010) 68932751（发行部）
	(010) 68932218（总编室）　　　(010) 68932447（办公室）
经 销 者	全国各地新华书店
印 刷 厂	北京鑫宇图源印刷科技有限公司
开　　本	787×1092　　1/16　　印张：10.5
字　　数	160 千字
版　　次	2024 年 7 月第 1 版　　2024 年 7 月第 1 次印刷
书　　号	ISBN 978-7-5660-2391-9
定　　价	48.00 元

版权所有　翻印必究

前　言

　　网络技术的进步及其表现形态日益增多，"微媒体"信息传播的流动性、即时性、碎片化等特点，为高校大学生的生活、学习、娱乐带来了新的变化，潜移默化地影响着高校大学生的思想和行为，"微时代"背景下的高校思想政治教育同时也正迎接着挑战与机遇的碰撞。

　　大学生思想政治教育是高校教育的重要内容，是加强高校育人的中心环节，是促进大学生健康成长的必然途径，也是培养中国特色社会主义事业接班人的根本保障。当前，"微时代"已经深入大众生活和高校校园，其既可以成为大学生思想政治教育快速发展的"伟"时代，同时也会使思想政治教育陷于难以把控的"危"时代。基于此，教育工作者必须认识到"微时代"的双面性，认真分析它所带来的影响，在开展思想政治教育活动中尽量避免消极的作用，规避不利的影响，促进积极的作用，不断推动思想政治教育朝健康向上的方向发展。

　　本书基于作者自身课题研究与多年教学经验，查阅了大量的文献资料，分析并收集了中国互联网络信息中心、新浪微博、中国高校传媒联盟等调查中心与企业发布的一系列数据，经过进一步思考、加工和编辑而成。本书共分为六个章节，第一章首先对"微媒体"进行基本理论概述，阐述了微媒介与传统媒介、微媒体思想政治教育内涵，以及以微媒体开展思想政治教育的重要性和理论基础。第二章分析了微媒体时代对高校思想

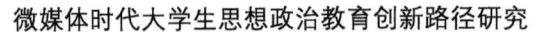

政治教育的影响，以及在面对这一时代环境时，思想政治教育文化涵养的提升等。第三章指出唯物主义世界观、人生价值观、爱国政治观、民主法治观、和谐社会观是微媒体时代下思想政治教育的主要内容。第四章讲到思政教育工作者、大学生、媒体生态环境三方主体需要共同提升媒体素养，建立并维护媒介环境。第五章探讨了微媒体时代高校思想政治教育中的"微思政"的开发与应用。第六章立于未来发展视角展望了高校思想政治教育的进一步创新。希望本书在这个领域的探索，能够为大学生思想政治教育工作贡献绵薄之力。本书仍有很多不足之处，敬请批评指正。

目 录

第一章 "微媒体"理论概述 …… 001
 第一节 微媒介与传统媒介 …… 001
 第二节 "微媒体"思想政治教育内涵 …… 015
 第三节 以微媒体强化思想政治教育的重要性 …… 020
 第四节 大学生微媒体思想政治教育理论基础 …… 022

第二章 微媒体时代对高校思想政治教育的影响 …… 028
 第一节 对高校思想政治教育的启示 …… 028
 第二节 微媒体是大学生思想政治教育的必然选择 …… 034
 第三节 全面提升思想政治教育文化涵养 …… 043
 第四节 促进社会主义和谐社会的构建 …… 048

第三章 微媒体时代下思想政治教育的主要内容 …… 054
 第一节 唯物主义世界观 …… 058
 第二节 人生价值观教育 …… 061
 第三节 爱国政治观教育 …… 064
 第四节 民主法治观教育 …… 068

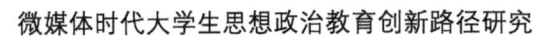

第五节 和谐社会观教育 …………………………………… 072

第四章 微媒体时代思想政治教育教学中的媒体素养 ………… 076
第一节 微媒体时代思政教育工作者媒介素养的构成 ……… 077
第二节 大学生媒介素养教育 ……………………………… 087
第三节 媒体生态环境的建立与维护 ……………………… 096

第五章 微媒体时代高校思想政治教育中的"微思政" ………… 108
第一节 "微思政"应用长尾理论的需求性 ……………… 108
第二节 "微思政"的定位与价值延伸 …………………… 115
第三节 "微思政"产品的开发与应用 …………………… 122

第六章 微媒体时代高校思想政治教育的路径创新 ……………… 128
第一节 有效利用网络教学平台 …………………………… 128
第二节 基于微博的思想政治理论课动态交互平台 ……… 133
第三节 "严肃游戏"的思想政治教育模式 ……………… 142
第四节 MOOC 的移动教学探索 …………………………… 149

参考文献 ………………………………………………………… 157

第一章

"微媒体"理论概述

第一节 微媒介与传统媒介

一、媒介的发展历程

从目前来看,我国学术界对于"微时代"的定义还存在较大的分歧,学者们对"微时代"分别提出了不同观点。部分学者认为,"微时代"实际上是一个包含着多层意义的新型概念,而不再是技术人员眼中的技术用语。在"微时代",人们的文化表达方式、沟通交流方式以及行为方式都发生了一定的改变,并且相应地形成了一系列"微文化"。"微文化"与主流文化之间存在差异与联系,从文化的质来看,"微文化"既是对主流文化的创新与发展,也是对主流文化的反叛;而从文化的量来看,"微文化"源于主流文化,但其辐射广度要远胜于主流文化。与主流文化不同的是,人们在"微时代"的交流方式较为情绪化,人们更多地通过表情、图片来表达自身的情感,而文字表达的作用逐渐弱化。从表面上看,人们在"微时代"中交流更加频繁,交流的内容也更加丰富,但实际上也折射出人们在精神层面的孤独感，人们在微博、微信等微产品中发出的信息越多，越渴求信息的回复，人们对精神生活的深层需求一定程度上被"微时代"所强化①。

"微时代"是一种新的传播时代，人们主要通过音频、图像、视频等方式来进行沟通交流，具有实时性、互动性的特征。在"微时代"，移动终端逐渐成为人们日常生活中的重要组成部分，信息发送和接收速度都远胜于传统的设备，人们的时空观念相应地发生了变化。移动终端在简化人们沟通流程的同时，也占据了人们的闲暇时光，人们通常会在这段时间内不断地进行信息的发送和接收工作，虽然人们接收信息的时间变短了，但信息的内容并没有被压缩，反而变得更加丰富。与此同时，要想吸引人们的注意力，信息提供者必须加强信息内容的设计，使其能够在最短时间内引起人们的注意。在"微时代"，人们的参与感得到了显著的增强，人人都可以参与到信息内容的传播过程中，成为信息的传播者和接收者。

"微时代"为人们营造了新的活动空间，人们可以借助智能手机、平板电脑等智能设备访问微媒介、微信息等，并可以体验"微支付""微阅读"等新的生活方式。在"微时代"，每个人都享有独立的空间，并可以通过微博、微信等微平台将个人的生活呈现在人们面前，其他人可以进行点评，从而使发布者与访问者之间形成有效互动。与现实生活不同的是，人们一般在微博、微信等微平台上发表的言论更真实，能够反映出发布者与点评者的价值观念，而且人们更期待获得与自身价值观念相似的评论，以获得一定的认同感。

"微时代"是网络时代发展到一定阶段的产物，主要依托于信息技术，人们可以通过微博、微信、微电台等媒介结合图像、视频、文字与他人进行沟通交流。在"微时代"，人们表达观点和建议的途径更加丰富多样化，例如微博、微信、论坛等，该时代的语言同样具有一定的独特性，充分展现出人们的主体意识、开放意识以及相互影响的意识。在"微时代"，人们尽情地释放自己的本性，用"微时代"的语言向外界表现不一样的自我，并渴求得到外界的认可。有些"微民"开始从信息接收者向信息传播

---

① 陈晓琳. "微时代"大学生思想政治教育创新研究［D］. 沈阳：辽宁大学，2017.

者转变，充分体验了网络交流平台的开放性和网络信息传播的便捷性，将一些原创性的观点和内容分栏目向公众开放，从而获得人们的关注，这种信息传播方式打破固有的信息传播规则，拓宽了人们获取信息的途径。

"微时代"是以"微博"为代表的信息传播所形成的时代，其信息内容精致、富有特色。微传播主要以微博作为传播媒介，极大地拓宽了信息的传播渠道，人们不仅可以通过微博获取碎片化的信息，还可以在微博表达自身的交往需求和对事物的认知。"微时代"是全民可参与信息传播的时代，每个人都可以成为信息传播者，向外界展示不一样的自我，这同时也是与传统传播方式之间最大的不同，并且随着网络信息技术不断发展，微传播的普及程度会越来越高。

随着信息技术的不断发展，以微博、微信等为代表的新传播媒介的出现，标志着人们已经进入了"微时代"。"微时代"是一个崭新的时代，人们的传播方式更加多样化，人们不再局限于文字和图片的信息传播，还可以通过音频和视频的形式进行信息传播。与此同时，微博、QQ、微信、Twitter、Facebook等微传播媒介的出现，使得信息传播者与信息接收者之间交互性加强，人们可以通过互联网终端进行操作，也可以通过智能移动终端进行操作，极大地拓宽了人们信息传播的范围[①]。

综合以上对"微时代"的研究可以看出，时代的不断发展，使得"微时代"的定义也在不断发生变化，虽然学者分别持有不同看法，但大致的方向是一致的。互联网技术的发展为微媒介的产生提供了契机，而移动网络技术的发展在一定程度上加快了人们对微媒介的使用。微媒介作为新生事物，它不仅继承了传统媒介的优势，集中了传统媒介的大部分功能，并且还具有体积小、容量大的特性，微媒介能够轻松地实现看电视、打电话、照相等功能。在信息传播方面，音频信息传播和视频信息传播丰富了信息的内容和形式，并逐渐成为人们信息传播的主要方式。

（一）媒介的类型

说到"微时代"，就不能不提媒介在整个人类文明史中的发展历程。

---

① 林群. 理性面对传播的"微时代"[J]. 思想政治工作研究，2010（03）：35-36.

媒介这一概念在传播学界是一个绕不过去的词语，信息是思想内容，符号是表现形式，那么媒介就是符号的载体，其容量和传播速度直接影响着信息传播的范围与领域，所以，技术的发展水平是媒介功能发挥的基本条件。在人类传播发展史上，每种媒介都有过自己的光辉使命，是一个时期的象征，大致经历了书写媒介、印刷媒介、广播媒介、影视媒介、互动媒介几个阶段[1]。

书写媒介是最古老的传播手段，它反映了先人的巨大智慧，它在人类历史上经历的朝代数量最多，从沉重到轻盈，从坚硬到柔软，但是由于它的单一化和时空局限性，人们逐步摸索出批量化生产的方法，从而进入了印刷媒介时代。印刷媒介被公认为是对人类社会发展产生重大影响的事件之一，体现了中国四大发明的卓越贡献。广播媒介是由电力发明而来，它使人类历史在百年内发生了巨大的变化。影视媒介弥补了广播媒介稍纵即逝的不足，声像并茂，使人们获得了一种全新的感官体验。互动媒介以电脑为主要代表，它一经出现便有替代传统媒介之势，加之互联网的发展，其领域涵盖的范围更是广泛，成为人们交流的便捷工具。

（二）互动媒介的发展阶段

1. Web1.0 信息共享时期

在 Web1.0 时期，信息技术成为互联网企业发展的一项重要力量，比如，新浪、腾讯等网站，专注于技术平台、即时通信等不同形式的技术运用。之后开始转向综合性门户网站发展。大部分的门户网站都是以"内容为主、服务为辅"，依靠大量的用户和点击率，注重传播知识，突出新闻信息的优势，但是，企业依然占据着绝对的主导地位，尽管谷歌也推出搜索引擎功能，但是对于互联网用户来说，搜索信息并不常见。此时，网站与网民的互动还不充分，使用电子信箱方式的仍然很多，网络的即时性没有凸显出来。不过，像论坛这样的动态网站，此时已经有了雏形，Web 成为信息共享的第一设施。

---

[1] 马文颖. 思想政治教育的文化功能研究 [D]. 沈阳：辽宁大学，2014.

2. Web2.0 信息共建时期

与最初由企业主宰的互联网时代相比，Web2.0 已经转变成了以用户需求为导向，各种类型的社交网站开始兴起，如，Facebook、豆瓣、人人网等。网站内容的呈现不仅是网络公司的杰作，网民也参与到网站内容制作中来，网络用户由纯粹的浏览变成制造浪潮，由只读转变为读写结合，由单向的接收转向了双向互动，由静态转向动态，体现了"以人为本"这一新的时代思想，是交互式传播的最佳阐释。社交网络在这一时期聚集了大量的用户，也吸引了他们使用的持久性。与此同时，Web2.0 时代是网站内容创建的创造式变革，催生了维基百科全书，但即便如此，它还是无法将大量的信息展现出来，而且受限于空间的限制，即时性还有待强化。

3. Web3.0 知识传承时期

Web3.0 是一个业界人士提出的概念，它与 Web2.0 类似，都是一种思想革新所带来的技术整合，主要产生在虚拟货币和在线游戏之中。各类平台、游戏等都可以获取大量的虚拟财富，并以某种方式转换为货币，让人在现实与网络中徘徊。另外，Web3.0 开始了跨地域、跨行业的发展，目前已覆盖了几乎每一个传统行业，各个行业都可以在互联网上提供专业的服务，收取一定的费用。在搜索引擎方面，Web3.0 增强了其服务理念，推出了个性化引擎，充分挖掘了网络用户的搜索习惯与喜好，帮助他们快速而准确地找到所需或感兴趣的信息，从而极大地提升了搜索的效率。Web3.0 里，要有序化、系统化整个 Web 世界，以全 Web 资源为基础建设出一座"Web 图书馆"，实现人类自身的"知识传承"。

4. Web4.0 知识分子时期

如果说 Web3.0 能够根据用户的意愿收集并获得其所需的信息内容，具有真实的即时性，那么，正处于发展中的 Web4.0 概念，就是知识分配阶段，这是对 Web3.0 时代的进一步演进和创新。网络能够对用户希望实现目标的学习知识进行分级梳理，同城商务网作为"国内 Web4.0 网站开拓者"，它凭借着开放的平台系统、创新功能应用、不断提升用户体验而备受瞩目，能够随时随地满足用户所需的一切。

当然，也有一些人将互联网时代分为窄带时代（例如，QQ）、宽带时代（例如，Qzone）、移动互联网时代（例如，微信、微博等）、新时代（例如，人工智能）。但是不管是怎么划分的，互联网的发展都将会极大地影响着世界的变化。从20世纪60年代世界上第一台计算机问世至今，互动媒介发展不过几十年，而中国互联网发展历程中，除去历时最久的Web1.0时代与Web2.0时代，其他几个时代已经进入了并行发展与整合的阶段，由此可以看出，互联网发展的速度是何等之快。为此，要与时俱进，加大互联网建设力度，牢记"落后则挨打"这一道理。

二、互联网在中国的发展

加拿大的大众传播学泰斗麦克卢汉，在他的著作《媒介通论》中指出：媒介是人体的延伸，书籍是眼睛之延伸，广播是耳的延伸，电话成为耳朵与嘴巴的延伸，电视成为触觉与知觉的交织感的延伸，电子技术是中枢神经系统的延伸[①]。所以，要了解互动媒介，就得从大脑说起。对于各类新兴媒介的产生与发展，应采取一种理性的态度，在批判中保留信息本来的面貌，而非完全抛弃新媒体的传播和运用，重点在于怎样运用这一不断扩大的媒介，使之适应于中国的实际国情与需要，正如马克思所说，理论在一个国家的实现程度，往往取决于满足该国的需要程度。

（一）"微"媒介的崛起和兴盛

中国互联网络信息中心（CNNIC）发布的第52次《中国互联网络发展状况统计报告》显示，截至2023年6月，我国网民规模达10.79亿人，互联网普及率达76.4%，手机网民规模达10.76亿人。网民上网设备进一步向移动端集中。手机端最常使用的APP应用是即时通信。

微信作为即时通信产品的代表之一，正在积极开拓短视频功能，其视频号的日活跃创作者数量和日均视频上传数量增长迅速。在明星、网红及媒体内容生态建立和强化中，微博成为以社交关系为基础，传播信息的媒体平台，随着对短视频和移动直播的深入布局，其用户使用率也在不断回

---

① 宋奎波. 马歇尔·麦克卢汉媒介技术思想研究[D]. 沈阳：东北大学，2012.

升。以抖音为代表的短视频平台也在尝试布局即时通信业务。抖音利用其在短视频领域的用户基础向即时通信业务渗透，在 2023 年 1 月推出电脑端聊天软件"抖音聊天"，有望给已经十分稳固的即时通信市场带来新冲击。

总而言之，以微博、微信、抖音为代表的社交工具，大大提高了新闻的传播范围，加快了新闻的传播速度，同时，借助自媒体的庞大用户规模优势，扩大了新闻材料的来源，变成了许多社会热点事件的爆发与发酵的源头，并促进了新闻网站和传统媒体的跟进报道。

（二）互联网发展的现状及趋势

我国互联网发展后发先至，从"互联网+"战略明确提出以来，"互联网+"就被各行各业所看好，近年来，通过不断地创新与运营，我国互联网发展也获得了令人瞩目的成绩，让普通民众的生活变得更加便捷。接下来将基于中国互联网络信息中心发布的第 52 次《中国互联网络发展状况统计报告》，展示中国网络在各行业和领域的使用现状和发展前景。

1. 线上办公

截至 2023 年 6 月，我国线上办公用户规模达 5.07 亿人，占网民整体的 47.1%。线上办公市场日趋成熟，在线办公企业通过持续优化服务，来获得新用户和留住老用户。例如，对于个体用户，钉钉打破了设备间的使用壁垒，使得用户的使用变得更为便捷；在线办公的用户越来越多，支付方式也逐渐成了在线办公行业的发展方向。新技术为行业发展带来新机遇，利用生成式人工智能在文本、音频等方面的创作优势，线上办公企业积极布局人工智能技术、研发产品的新功能，不断促进线上办公产品的智能化提升。AR 技术将会给办公带来全新的体验，例如，苹果公司推出了 AR 头戴式设备 Vision Pro，实现了手势、眼动、语音交互，为办公场景提供多样化应用。随着传统媒体和新媒体的加速融合，互联网与在线办公产品深度结合，将会对互动体验进行多维度的提高，为企业办公提供更加广阔的使用空间，为产业链升级改造，提供力量。

2. 网络新闻

截至 2023 年 6 月，我国网络新闻用户规模达 7.81 亿人，占网民整体的 72.4%。当前，云计算、虚拟现实等新技术发展迅速，为媒体融合提供有力支撑，全程媒体、全员媒体等特征逐步显现。2023 年上半年，生成式人工智能技术取得突破，网络新闻媒体积极跟进布局。

3. 网络购物

截至 2023 年 6 月，我国网络购物用户规模达 8.84 亿人，较 2022 年 12 月增长 3880 万人，占网民整体的 82.0%。随着直播的普及和自媒体专业的迅速发展，网红、直播等形式将网络购物推向了娱乐化、内容化方向发展。而在内容领域方面，电子商务平台也在不断增加投入，新的流量聚集也在高效地推动着特定品类的交易转换。同时，VR、AR 等技术的运用为用户提供了全新的购物体验，而未来技术还会促进更多的零售方式发生变化。

4. 网上外卖

截至 2023 年 6 月，我国网上外卖用户规模达 5.35 亿人，较 2022 年 12 月增长 1372 万人，占网民整体的 49.6%。从行业层面来看，当前网上外卖业务稳步增长，随着各电商外卖平台商户之间的合作越来越紧密，各大平台逐渐意识到精细化运用的重要性，通过向即时配送领域拓展、利用算法推荐附近接单等方式，提升配送效率，增强消费者的服务体验。从市场角度看，由于边际人力成本较高，外卖业务利润还有可以提升的空间，可以通过"互联网+"的信息化及数据挖掘优势，改善供应链中上游传统餐饮的质量和配送效率，或者是在下游降低用户交易成本，从而提升消费者的使用体验。

5. 网络支付

截至 2023 年 6 月，我国网络支付用户规模达 9.43 亿人，较 2022 年 12 月增长 3176 万人，占网民整体的 87.5%。在线上支付方面，各大互联网支付公司继续与各级政府、公共服务机构和社区进行深度合作，将与民生相关的缴费部分一一打通，构建起了一个全方位的民生服务网上缴费体系，并且正在加快发展。煤气、网费等常规生活类缴费，都被纳入了网上缴费体系，并增加了自动提示等功能，使缴费变得更为智能化。看病挂号、校园类缴费等社会公共服务，都可以在线缴费，大大提高了公共服务机构的效率。

线下支付方面，在互联网支付公司的大力发展下，已经形成了丰富的支付场景，消费者已经初步形成了在餐厅、便利店等线下实体店使用移动网络支付工具的习惯，出门"无钱包"时代悄然来临。网络支付为消费者在购物过程中提供了便利，同时也为商户降低收单成本，解决了现金管理上的麻烦，使得线下网络支付应用得以快速普及。

6. 网络政务服务

国内大部分的省、自治区、直辖市都开通了政府微博和政务头条号，包括了政府、交通等各垂直领域。各级政府部门和机构加速推进网络建设，推进网络政务信息公开向移动化、即时化、透明化方向发展。目前，在线政务服务使用率，已经远远超出了线下政务大厅和政务热线的使用率。信息平台的内容越来越丰富，包括天气、司法等领域在内的微博、头条号等也得到了快速发展。随着网络政务服务的平台化和移动化步伐越来越快，支付宝和微信开通了政务服务窗口，并逐步完善其服务内容，从车主服务到政务服务，再到医疗和交通出行等，全方位覆盖用户生活，大大提高了政务服务的智慧化水平，让用户的生活更加幸福、更加满意。

7. 互联网医疗

截至 2023 年 6 月，我国互联网医疗用户规模达 3.64 亿人，较 2022 年 12 月增长 162 万人，占网民整体的 33.8%。其中，全国互联网医院已超 3000 家，开展互联网诊疗服务超 2590 万人次，互联网医院规模较 2021 年底新增约 1300 家。医疗资源持续向基层下沉，远程医疗服务县区覆盖率达 100%，远程医疗协作网已覆盖所有地级市 2.4 万余家医疗机构。国家医疗保障局办公室印发《关于进一步做好定点零售药店纳入门诊统筹管理的通知》，强调要积极支持定点零售药店开通门诊统筹服务。多地均已实现电子处方流转和"双通道"药品医保即时结算，提升了参保人员就医购药的便利性和可及性。

8. 在线旅游预订

截至 2023 年 6 月，我国在线旅行预订用户规模达 4.54 亿人，较 2022 年 12 月增长 3091 万人，占网民整体的 42.1%。旅游预订市场在 2023 年上半年呈现出良好的复苏态势，相关企业的业绩也有了明显的提升。企业抓住新的发展契机，不断提高自身的核心竞争力，推动行业的高水平发展。2023年"五一"黄金周期间，国内旅游出游人次同比增加了70.8%，恢复至2019年同期的119.1%。与去年相比，2023年的国内旅游收入上升了128.9%，恢复至2019年同期的100.7%。携程集团在第一季度的净营业与去年同期相比增长了124%，其中酒店预订收入增长了140%，交通预订收入增长了150%，旅游度假收入增长了211%。另外，携程集团在世界200多个国家建立了超过60万家的酒店合作网络，携程在国外的布局及国际化发展能力不断提升，带动了第一季度携程国际OTA平台机票预订量同比增加了200%以上。

9. 网络视频

截至2023年6月，网络视频用户规模为10.44亿人，较2022年12月增长1380万人，占网民整体的96.8%。其中，短视频用户规模为10.26亿人，较2022年12月增长1454万人，占网民整体的95.2%。

2023年，在线视频平台始终保持高质量的内容创造，对影视工业化进行了探索，长视频平台与短视频平台从一开始的相互博弈变成了合作共赢。各家互联网视频平台加大了精品内容的制作力度，持续提升节目的质量和市场竞争能力。在技术方面，平台采用了VR技术应用于剧集制作过程，解决了海洋和沙漠等极端环境下的拍摄难题。在流程中，通过在审批和进度管理等各环节引入数字化管理工具，提高了整个制作工作的效率。在资产方面，通过搭建影视资源共享平台，对道具、服饰等实物资产以及场景等虚拟资产进行系统化管理，以减少制作成本。

在长视频、短视频的用户规模和使用时长趋于平稳的情况下，二者从竞争状态逐渐转变为合作共赢。搜狐视频、腾讯视频等，都先后和抖音集团签订了合作协议，开始了对长视频的二次创作以及长短视频的联合宣传进行探索。长视频平台的大量内容储备，为短视频衍生创造了新的源泉，同时，短视频也已经变成了一种影视作品宣传和推广的重要方式，二者的合作，可以促进平台、用户和创作者的多方共赢。

10. 网络直播

截至2023年6月，我国网络直播用户规模达7.65亿人，较2022年12

月增长1474万人，占网民整体的71.0%。2023年上半年，网络直播行业延续了良性发展态势，在社会价值方面，网络直播为展现地方特色文化、拉动地方经济提供助力。3月，贵州省首届"美丽乡村"篮球联赛（"村BA"）通过网络直播平台进行宣传，吸引观众和游客12万人次，直接拉动当地服务行业消费破千万。

11. 网络文学

截至2023年6月，我国网络文学用户规模达5.28亿人，较2022年12月增长3592万人，占网民整体的49.0%。我国网络文学行业持续平稳发展，产业生态完善和引入人工智能技术。1月，晋江原创与哔哩哔哩签订了一项关于网络文学作品视频改编版权的框架协议。网络文学和视频行业的深度融合，在一定程度上促进了网络文学作品的影视化改编，进而激发了作家们的创作热情。同时，也为视频平台提供了丰富的资源，扩充自身内容品类，增强了自制内容创新能力。6月，掌阅科技公司正式宣布开启了第一款人工智能产品"阅爱聊"的内测，以生成式人工智能技术为基础，实现新的数字阅读场景，为用户提供创新体验的阅读交互方式。这种生成式人工智能工具能够在框架搭建、创意提示等各个方面辅助网络文学，大大减轻创作者的工作量，帮助创作者将精力集中在内容创新上，促进文学作品写作方式的改进。

12. 互联网慈善行业

在2023年，中国的社会福利事业也在互联网的帮助下，继续发挥自身的优势，通过在线公益平台进行了创新，越来越多的人开始投身于帮助有困难的人、疾病和残疾人士。新的公益方式如募捐、社交圈筹款等，使得公益捐赠变得更为便利。

首先，"互联网+"慈善的运行方式推动了"全民公益"的良好社会氛围。这种新型的网络慈善方式，既提高了社会大众的参与慈善的便利性，也让社会大众能够在任何时间、任何地点都参加到慈善捐助中来。例如，环保、农业等赋予了社会大众更多的捐助选择权，从而使社会各界积极投身于公益事业。其次，有利于大众公益理念的广泛传播，有利于公益文化的形成。从"免费午餐"等一系列新型筹资方式开展的公益活动的成功,充分显示了移动互联网的强大传播能力,能够及时、迅速地向每一个网络用户传递慈善信息,从而在不知不觉中培育网络公众的慈善意识,促进了社会慈善文化的建设。最后,促进公益慈善组织的高效、透明和可持续发展。在"互联网+"背景下,新型的慈善筹资模式,要求详细说明公益项目的细节,这就促进了公益行业努力提升项目开发能力和信息公开能力。

三、"微媒体"的时代特征

伴随着微博的诞生和发展,人们开启了一个新的时代——"微时代"。在"微时代",信息传播的方式逐渐丰富化、多样化,并且信息量、信息来源也相应地发生了变化。从目前来看,"微时代"主要有以下几种特征。

(一)主体大众化

在过去,信息传播者主要是由信息传播专业人员组成,人们只能通过固定的平台获取有限的信息,这种单向的信息传播方式使人们只能被动地接受观点,而无法向公众表达自身的观点。而在"微时代",以微博、微信、QQ等代表的微媒介为人们带来新的体验,任何人都可以发布信息和接收信息,自由地向公众发表自己观点。"微时代"极大地释放了人们的情感,使人们能够自由、自主地进行各种活动,可以成为网络文化的创造者,也可以成为网络文化的传播者。但是,过度的自由也会带来相应的弊端,当人们利用微媒介来传播不良信息时,不良信息会快速、全面地普及到大量的网络用户,影响人们的价值观念,从而为社会发展带来不稳定的因素。

(二)传播快捷化

随着科学技术的不断发展,第四代移动通信技术(4G)已经普及,5G时代即将来临,它能够加快信息传播的速度,使人们在较短的时间内获取高质量的图片信息、音频信息或视频信息,并且还能够满足人们对不同类别信息的需求。现阶段，我国大多数城市都已实现无线网络全覆盖，人们可以通过无线网络进行现场直播，这对于人们观察世界、了解世界具有重要意义。无线网络和4G、5G技术改变人们的生活方式，使人们传播信息更加便利、更加快捷，但也带来了一些不利影响，如不良信息的传播、产生"网络暴力"等。值得注意的是，网络本身并无好坏之分，而真正决定网络信息的好坏是人本身。

（三）终端便携化

自进入"微时代"以来，人们逐渐开始追求便携性强的移动智能设备，以便于能够随时随地进行信息的传播与信息的接收。据相关研究资料显示，截至2018年12月，我国网民规模达9亿人次，手机网民数量接近8亿人次。近几年来，手机网民的数量一直在持续增长，而大型的终端设备的使用人数在逐渐减少，其主要原因在于，随着4G网络的普及和5G网络的来临，人们只需要一部智能手机或平板电脑就能够满足日常办公与娱乐需求。

（四）内容碎片化

随着人们的移动终端逐渐便携化，人们传播信息与接收信息不再受到固定地点的限制，只要能够接收到网络信号就能够进行信息的传播和接收。现阶段，人们正处于快节奏的社会发展阶段，人们必须及时更新自身的观念，顺应时代的发展。但是，并不是所有的网络信息都充满正能量，这就要求我们在接收信息的过程中要做好信息的甄别工作，区分有利于自身发展的信息和不良的信息。通常情况下，人们的大部分时间都用于学习与工作，而其余的时间则用于处理信息，因此人们大多数时候都是在碎片化阅读，在极为分散的时间内获取与传播零散的信息。在"微时代"，人们是信息的传播者也是信息的接受者，在表达自身观点的过程中不再需要集中时间去研究与分析，即便是篇幅较短也能够引起他人的注意。碎片化阅读具有耗时短、信息内容集中等特点，因此能够满足大多数人的阅读习惯。虽然人们每天能够从网络获取大量碎片化的信息，但绝大多数的信息无法对自己的生活产生明显的影响。

（五）信息海量化

在"微时代"，网络信息传播的门槛较低，几乎所有人都可以参与到信息传播的过程之中，并且随着网络技术的不断发展，内容新颖、短小的信息越来越多，人们获取的信息数量也越来越多[1]。与过去相比，人们不再愿意花费过多的时间在阅读信息的过程之中，一般都会跳过文字过多或视频时间过长的信息。而为了改变这种状况，信息发布者开始将信息的重点标注在题目之中，从而使人们能够快速地选择自身感兴趣的信息内容。现阶段，人们更热衷于娱乐型的信息，因为它们能够在最短的时间内引起人们的注意，同时放松人们的身心，而关注政治、经济相关的信息的人却越来越少，这种现象的出现也反映了当前人们所面临的问题，即过度重视娱乐信息。

（六）沟通交互性

自互联网诞生以来，网络信息的沟通交互性一直是人们讨论的焦点，而"微时代"的到来，使网络信息的沟通交互性更加明显。在过去，人们获取信息的途径主要包括电视、广播、报纸等，但这些信息传播媒介都是信息传播者单向地传播信息，信息传播者与信息接收者无法进行互动。而在"微时代"，信息传播者可以通过网络传播信息，信息接收者可以通过网络接收信息，并且信息传播者可以通过网络与信息接收者进行互动，人们之间的交流也更加便利，当人们对信息内容存在疑惑或者认为信息内容存在问题时，可以通过互动的方式向信息传播者传达自身的观点，从而使信息传播者及时为人们解答或纠正自身的错误。随着移动终端的普及，信息的传播与接收变得更加便利化，进一步加强了信息传播者与信息接收者之间的互动。

---

[1] 郭纯生，顾振华，徐雁华，郭琴."微时代"下大学生思想政治教育的应对策略——以创新扩散理论为依据 [J]. 福建：福州大学学报（哲学社会科学版），2014（04）：99-101.

（七）交流隐蔽性

在"微时代",虽然人们可以通过网络进行沟通交流,但大多数情况下双方都不知道彼此的真实情况,其中包括对方的性别、对方的年龄、对方的身份等,这主要是由"微时代"的主体大众化所决定的,所有人都可以发布信息和接收信息,并且大多数人会在发布信息过程中隐藏自身的真实身份,以便于保障自身的安全。人们对于隐匿信息的行为持有不同的观点,有的人认为隐匿信息是对他人的不尊重,无法保证交流的可持续性,导致浪费了时间,又浪费了精力;也有的人认为隐匿信息是保护隐私的正当行为,大多数人在不知道对方真实信息的情况下能够畅所欲言,充分地展现自身不为人知的一面,既保护了信息,又放松了身心。无论是支持隐匿信息还是反对隐匿信息,人们都应该加强自身在现实生活中的沟通能力,重视身边的人感受,拉近与亲人之间的距离。如果人们沉溺网络虚拟世界,那么不仅没有拉近与他人之间的距离,反而忽视了身边人的感受,从而造成不可挽回的后果。

第二节 "微媒体"思想政治教育内涵

一、微媒体思想政治教育的概念

对有关微媒体思想政治教育概念的研究,应当从与"微媒体"有关的理论出发进行分析。关于微媒体的界定,最有代表性的一种说法是,与传统媒体相比,它是一种以微信、微博、微视频为代表,以电脑、手机等为媒介,借助网络技术、数字技术以及移动技术等,以简洁凝练、传播迅速为特点的信息传播、获得的新媒体。

从多个角度对微媒体进行归纳,可以发现微媒体的不同内涵。从微媒体的起源上讲,是由于信息技术的发展,才推动了微媒体时代的来临,同时,微博的出现也标志着微媒体的诞生,人们可以通过微博在短时间内了解日常生活中所发生的事情，还能在网上和朋友交流，完成一些传统媒体做不到的事情。在微媒体的内容方面，随着微博的兴起，微视频、微小说等"微事物"也随之涌现。目前，微媒体的内容还在继续扩展，只要人们有新需要产生，微媒体的内容也就会持续增加。就其传播方式而言，主要有文字、图片、表情包等，通过手机、电脑等载体，以各种方式进行信息传播。从其影响力方面来看，媒体的影响力是逐步深化的，是从质变到量变的转变过程。比如，"张玉环蒙冤26年"一事备受关注，越来越多的人希望能为他正名，实现程序正义和实体正义，同时也期望张玉环今后的人生能够一帆风顺。正是因为微媒体的影响力越来越大，才能让更多的人关注到这件事情，也才能为像张玉环这样的蒙冤之人洗刷冤屈。

学者陈万柏认为，实现政治教育的网络载体实际上是一种教育过程，相比传统的课堂教育，其特点是信息内容能准确传播、形式多样，能引导人们建立起正确的道德规范，满足时代发展的需要。微媒体思想政治教育是对传统思想政治教育的一种新拓展，旨在跟随时代的发展需要，创新思想政治教育，实现微媒体思想政治教育与微媒体时代发展的结合，为培育新时期综合发展的青年提供新的途径。

在此大环境下，微媒体思想政治教育的内涵可以从两个方面来阐述，一方面，以微媒体为基础构建的思想政治教育，是一种新颖的思想，它推动了思想政治教育体系的完善，重新阐释和创新了现有思想政治教育的目的、内容等；另一方面，运用微媒体的思想政治教育，将微媒体作为其工具或途径，创新思想政治教育。从长远的发展角度出发，这两种内涵是相辅相成的，缺一不可。

二、微媒体思想政治教育的特点

微型媒介是当今一种重要的传播手段，它具有教育性、潜移默化性、可选性、隐蔽互动性等特性，这些特性，可以为开展微媒体思想政治教育工作提供一些参考。微媒体思想政治教育是在人们的物质需要、科学技术条件发展下产生的新事物。把握微媒体思想政治教育的特性，有助于思想政治教育工作者进一步了解微媒体思想政治教育，并为建立现代大学生微媒体思想政治教育的建设路径提供新的思路，使其能更好地发挥效能。

（一）教育性

从中华人民共和国成立以来，思想政治工作便占据着十分重要的位置，使其具有浓厚的历史与政治色彩。各高校紧跟时代脚步，把思想政治工作应用于人才培养的全过程，实践充分证明了其优越性。作为一种特殊的形式，微媒体思想政治教育具有鲜明的政治属性，它总是以一定的政治目标为核心来开展，无论在哪个国家都不例外。就我国而言，思想政治教育是服务于我国社会主义建设事业，服务于实现无产阶级历史使用的。为此，高校应充分运用好微媒体思想政治教育，培养新时期大学生的正确世界观、价值观、人生观，构筑抵御外来意识形态的"长城"，强化思政教育地位。

（二）潜移默化性

大学生微媒体思想政治教育的方式不同于传统教育方式。可以采用一种隐性的方式来和学生进行沟通，通过对他们的思想和心理状况进行关注，使他们能够自主地投入到思政活动之中。教育者可以建立一个微信群，实现跨时间和空间的讨论、交流，且可以避免面对面带来的尴尬，方便教师和学生进行深入的交流。教育者可以结合学生的个性特点，有针对性地制定思想政治教育的内容，用学生所喜欢的方式来实施思想政治教育，保障思政教育的顺利开展。

（三）可选性

微媒体发展是传统思想政治教育转向微媒体思想政治教育的技术基础。微媒体融合了文字、图片、表情包等多种元素，随着计算机和手机等设备的不断发展，为当今的大学生提供了更加精致、更加生动的教学，让他们能够按照自己的喜好来选择，增强自己的学习能力。微媒体思想政治教育的资源较多，学生可以自由选择自己所需了解的内容，这样的自主选择性能够让思想政治教育内容更贴近他们的实际需求，提高微媒体思想政治教育的有效性。通过微媒体传播思想政治教育内容，能够提高学生的接受能力和选择性，相对于传统思想政治教育，更能被当代大学生所接受。

（四）隐蔽互动性

在微媒体环境下，思想政治教育通过虚拟的微媒体空间运行，教育的主体与客体在虚拟的微媒体空间中进行交流与互动，增加了新颖性和神秘感，进而推动了思想政治教育的深入发展。在这一虚拟的微媒体空间中，教学主体与客体都处在平等的交流位置，体现了"以人为本"的教育理念，使受教育者能够自主地进行学习，寻找自己的价值。"以生为本"的教育理念使师生关系更加融洽，增强了师生间的互动交流，真正做到了真情实感交流，促进思想政治教育的宣传。

三、微媒体思想政治教育的功能

要使微媒体思想政治教育更好地发挥其作用，就要从根本上把握微媒体的属性与本质，使其功能发挥最大化。微媒体是一种新型的大众传播媒介，它具有传播、舆论导向、监督、娱乐休闲等多种功能。在当今可持续发展的背景下，微媒体对每个人的影响都是巨大的，高校应将其充分应用于思想教育和道德教育中，发挥微媒体思想政治教育的育人、导向、交流互动等功能。为此，要对微媒体思想政治教育的功能有全面的认识，为其互动交流和思想渗透做充分的准备。

（一）发挥微媒体思想政治教育的道德教化功能

培养大学生的道德意识，是为了促进他们的自我完善，使其成为一个品德高尚的社会主义建设者。充分发挥微媒体思想政治教育的道德教化功能，可以强化学生的道德观念，构建良好的微媒体思政教育环境。随着当代微媒体技术的发展，大学生之间的交往、交流越来越紧密，运用微媒体进行交往的利弊也越来越明显，在提供便利的交往条件的同时，也伴随着许多信息内容与道德观念不符的现象。要改善这种情况，就需要明确微媒体思想政治教育内容的道德规范体系，使其成为当代大学生约束行为、提升自我的道德原则。

（二）发挥微媒体思想政治教育的阵地坚守功能

在此，坚守就是坚守思想政治教育，微媒体每日都会传播各种信息，其中有优有劣，实现这个功能可以降低糟粕内容的影响力，培养大学生辨别是非的能力，降低对危害信息的关注度，维护社会的安定与和谐。这就需要思想政治教育工作者在微媒体上，对马克思主义的科学理论和改革开放以来的积极成果进行积极宣传，使之成为新时代高校思想政治教育的一项重要内容。以微媒体传播信息的方式，在本质上也反映了一个国家的文化软实力。文化软实力的竞争伴随着互联网技术的飞速发展也日趋激烈，多种思想交织，迫切需要高校教育者对大学生开展正确的引导。高校思政教育工作者应结合时代发展，善于运用微媒体技术，扩大微媒体思想政治教育的阵地，使其积极功能得以充分发挥，为维护国家稳定尽一份力。

（三）发挥微媒体思想政治教育的积极调节功能

互联网技术的发展，以及微媒体的普及，使得微媒体作为一种传播信息的便捷方式，成为大学生获取知识和思想教育信息的新渠道，它对现代高校学生"三观"的塑造与发展，以及对其思维模式与心理健康状况等都具有一定的调节作用。

通过大学生微媒体思想政治教育，可以有效调节大学生的学习、生活和心理健康。从学习方面来说，一方面，微媒体思想政治教育可以开阔学生的眼界，使他们能够在短时间内了解各种新的知识，提高他们的学习积极性。利用微媒体开展思想政治教育工作，既有针对性又有便捷性，大学生能方便快捷地找到自己所需信息，从而达到高效学习。另一方面，这也对教育工作者提出了更高的要求，需要与时俱进，不断提升自己的专业素养，积极适应微媒体思想政治教育的发展。从生活的角度来看，微媒体思想政治教育迅捷、生动，能够全方位、多层次地对大学生进行思想政治教育。微媒体早已融入了学生的日常生活之中，打破了传统思想政治教育的时空限制，已经成为大学生学习和生活当中的重要组成部分。从心理健康角度来说，当前大学生在成长中存在着不同程度的困惑，部分大学生不善于与他人进行面对面沟通，想求助却没有渠道，微媒体就能很好地解决这一部分学生的问题，满足其心理问题的咨询和求助需求。并且，微媒体可以很好地保护学生的隐私，使其无所顾忌，这正反映了高校"以生为本"的理念。

（四）发挥微媒体思想政治教育的激励功能

微媒体思想政治教育的激励功能为：对学生进行精神激励、对学生进行物化激励，将二者有机地融合在一起，可以保障对学生的全面发展起到促进作用。

在精神激励上，马克思认为，激情和热情是一个人追求其目标的本质力量。这表明，所有人都渴望得到外界的精神激励，并以此为奋斗目标。现代微媒体思想政治教育的精神激励主要体现为：既能增强大学生的责任感、使命感，又能有效地运用微媒体技术，创造一个良好的微媒体思想政治教育环境，培养学生的良好道德素养，激发其建设社会主义伟大事业的向往。

在物化激励上，通过培养拥有丰富知识和技能的大学生，使其成为未来社会建设发展的主要力量，提升其在步入社会以后的物质生产效率，激发其主体意识，把道德教育精神力量转化为提升物质生产的能力。这种精神力量既可以是爱国主义精神，也可以是团结精神，这些精神力量将对我国社会主义建设事业贡献巨大的力量。

第三节　以微媒体强化思想政治教育的重要性

一、时代环境发展变化的客观驱动

21世纪是微媒体大行其道的时代，微媒体对人们的学习生活产生了深远的影响，已经渗透到人们的日常交往中。多媒体信息传播快捷，内容丰富，形式多样，为高校学生提供了更多获取知识的途径，使他们能够更快捷地获得国内外热点信息。从国内环境来看，尽管政府一直在努力营造一个清朗的网络环境，但各种良莠不齐的信息仍然存在，伴随着市场经济的繁荣发展，人们的思想观念相互碰撞。作为一个处在思想观念和判断力正在建设阶段的大学生来说，他们很容易被各种信息所误导，从而迷失自我。

从国外环境来看，在全球化加速的背景下，外来文化的渗透无时不在，对于思想尚未完全成熟的大学生而言，这些思想充满了迷惑性。所以，在新的时代背景下，运用微媒体做好新时期大学生的思想政治教育工作，就需要因事而化、因时而进、因势而新，更新教育内容、教育模式，通过运用大学生喜欢的方式开展微媒体思想政治教育，引导学生树立正确的思想观念。

二、大学生主体意识增强的现实要求

在当代，人们的主体意识越来越强，特别是青年大学生。他们的思想观念和行为模式逐渐多元化，他们的需求也随着社会和时代的发展而不断变化，他们已经不满足于传统的教育方式，也不愿意接受冗长的理论教育，这就需要教育工作者与时俱进，满足大学生的时代新需要。传统的思想政治教育常常是以显性教育形式进行，而要满足现代大学生的需求，就要求教育者吸收国外隐性教育的优秀成果，将学生的个性发展需要和思想观念发展规律相结合，通过多种教育方式来开展大学生的思想政治教育。利用微媒体开展思想政治教育正是一种很好的隐性教育方法，这种方法转变了教育者的主导地位，由学生自己利用微媒体来进行学习、理解，促使其主体意识的发展，让他们形成自我教育的满足感，从而快速提升自我。在新形势下，运用新媒体强化学生的思想政治教育，是高校教育者的必然选择，更是提高微媒体思想政治教育实效的一种途径。

三、思想政治教育工作网络化发展的内在需要

微媒体的诞生和运用，推动了大学生思想政治教育工作效率的提升，促进了思想政治教育工作的网络化发展。微媒体的诞生和运用可以帮助敏感、内向的受教育者解决不适应传统教育的困境，打破时空的限制，真正实现教育者与受教育者的平等地位。思想政治教育工作网络化不仅能够拓宽思想政治教育的范围，让学生从网络中获得更多的信息内容，提升自己的思想道德素养，还能对先进文化进行有效传播，让先进文化占领新的思想阵地，从而对各类反文化的影响进行有效的抵制。让网络成为当代大学生接受先进文化的重要渠道。为此，推动思想政治教育工作网络化发展，不仅能传播先进文化内容，还能及时把握当代大学生的思想政治教育内容学习动向，加强大学生思想政治教育的实效，将大学生培养成合格的社会主义建设者和接班人。

第四节　大学生微媒体思想政治教育理论基础

一、马克思主义的教育思想

教育理论思想渊源可以追溯至马克思、恩格斯。尽管他们并未对教育理论进行过系统的阐述，但他们十分关注工人阶级的思想教育问题，为教育理论的提出奠定了基础。在《〈政治经济学批判〉序言》中，就出现了教育理论的雏形，哲学把无产阶级当作自己的物质武器，同样，无产阶级也把哲学当作自己的精神武器：思想的闪电一旦彻底击中这块素朴的人民园地，德国人就会解放成为人。其中就指出了劳动者因为处于奴隶阶段，无法进行自主学习与创造，要依靠外在的力量来帮助其树立正确的社会主义理论。尽管马克思、恩格斯没有关于教育理论的系统著作，但多次在不同文献中提到过教育的重要性。为全面把握其理论，本文采用"马克思主

义教育理论"。马克思主义教育理论是由马克思、恩格斯奠基，考茨基进一步发展形成基本框架，最后在列宁的推动下，逐步形成完善的系统理论体系。当代中国化的马克思主义教育理论不仅是建设中国特色社会主义的有力武器，是为培育新一代的社会主义接班人提供的行动指南，更是当代微媒体发展的时代使命。

人并非生来就具备思想观念或意识形态，但具备接受这些观念的能力。家庭、学校、社会等组织都会向人们传输各种观念、行为准则和道德规范，培养人们的政治思想和社会准则。比如，奴隶社会、封建社会依赖宗教神学和权威文化统治社会成员。所以，统治权力的争夺获胜，更多的是意识形态教育的胜利。要想牢牢把握意识形态的领导权，首先要充分发挥其教育功能。意识形态的教育成效，将会直接影响统治地位，乃至动摇政权根基。所以，要想取得无产阶级的胜利，就要充分运用教育理论

工人阶级不可能自发形成社会主义理论体系，他们获得理论知识，都是从外部教育的，这就产生了教育的主客体。就教育主体来说，他们首先要成为拥有丰富知识储备的社会主义人才，再积极创造社会主义理论内容，向其他知识分子和工人阶级教育理论内容，扩大影响力、实现教育效果。在这一过程中，工人阶级自然地被纳入了社会主义学说的教育客体之中。但是，马克思主义的理论教育，不是枯燥的，它是从经济斗争外面，从工人同厂主的关系范围外面教育给工人[1]。也就是从经济逐步地发展到政治斗争上。

为使教育效果最大化，可以把马克思主义教育理论分成两种：第一种是从具体到抽象，再从抽象到具体。就是要使工人阶级认识到自己的阶级意识，进而转变为革命运动，在革命运动中找到适用于本阶级的新理论，最后达到由抽象到具体的转变；第二种是把理论教育和实践教育相结合，以求共同发展。马克思主义教育理论包含了两个方面的内容：社会主义和人类解放。起初，理论教育的宗旨是为实现社会主义革命，为创造新生活而斗争。后来是为了推动社会主义建设，稳固政权，动员所有的积极因

---

[1] 余双好，汤桢子. 马克思主义经典作家关于思想政治教育思想探析 [J]. 北京：马克思主义理论学科研究，2023，9（06）：92-102.

素，致力于社会主义建设。帮助人们形成正确的思想认识，加强自己的修养，为促进社会主义建设作出自己的贡献，从而促进人的自由而全面发展、整个人类的解放。

二、新时代中国特色社会主义思想

（一）紧抓高校意识形态领导权

做好新时期高校的意识形态工作，保障高校思想政治工作能够为新时期大学生的思想意识形态建设奠定坚实的基础。首先，要在意识形态领域确立马克思主义的指导地位，确保精神标杆永远矗立；其次，要讲好思政课，以立德树人为核心，筑牢意识形态的主阵地；最后，要牢牢把握意识形态的领导权、管理权和话语权，让意识形态具备很强的凝聚力和战斗力，引领学生和教师。

（二）核心价值观理念与课堂教学结合

社会主义核心价值观既是国家、社会、个人层面的理想追求，也是建设国家文化软实力的重要支撑。新时代中国特色社会主义思想能帮助大学生认清核心价值观的内涵，为实现中国梦作出自己的贡献。在当今社会，核心价值观已经深入人心，中小学生甚至是小朋友，对核心价值观都有一定的了解，这就对大学生提出了更高的要求。高校教育工作者不仅要在专业课程层面指导学生，还要对学生开展社会主义核心价值观教育，帮助其树立正确的价值观，使之能更好地服务于社会主义建设。

（三）落实"三因"和"四统一"

即通过因事而化、因时而进、因势而新的"三因"，以及教书与育人、言传与身教、潜心问道与关注社会、学术自由和学术规范的"四统一"，推动高校思想政治工作的开展，创新新时代中国特色社会主义理论思想，促进理论与实践的进一步融合，保证思想政治工作能够在实践中不断优化，贴近当代大学生的现实需要。

以上这些内容，不仅是对马克思主义理论的进一步充实与发展，同时也是对高校思想政治教育理论进行的创新，在这个理论创新的过程中，将会给高校思想政治教育实践活动注入新的活力。新时代中国特色社会主义思想为高校思想政治教育工作指明了方向与路径，明确了立德树人的核心内容，为教育队伍建设、学生成长成才提供了指引，将教学活动和实践活动相结合，更好地推进了高校思想政治教育工作的开展。

三、微媒体传播的相关理论

（一）"五W模式"的过程模式

哈罗德·拉斯韦尔率先提出了构成传播过程的五种基本要素，并将这五种基本要素按照一定顺序进行排序和组合，形成了"五W模式"或"拉斯维尔程式"的过程模式。英语中五W模式分别为：Who（谁）、Says What（说了什么）、In Which Channel（通过什么渠道）、To Whom（向谁说）、With What Effect（有什么效果）[①]。具体到微媒体传播，就是将互联网信息内容传递给广大网络用户，从而让他们能够及时获得自己所需信息，了解身边的时事，实现不出门就能知晓天下事。

（二）"把关人"理论

美国传播学奠基人库尔特·卢因在研究群体内信息流通渠道、筛查和选择信息中，提出信息传播者会不自觉地将个人的主观意识融入其中，建构适合自己的价值体系，保障自己的利益价值不被侵害，将这些信息筛选出来的传播行为就叫作把关，而进行这种传播行为的人就被称为把关人。具体到微媒体传播中，尽管把关人会依靠自身的知识体系做出信息判断，带有一定的主观性，但也会在某种程度上剔除其中的一些不良信息内容，这对建立现代大学生健康的微媒体传播环境有着积极的作用。

---

① 王歆舒. 中国MOOC平台传播与运营模式研究 [D]. 广州：暨南大学，2018.

(三)"二级传播理论"

拉扎斯菲尔德提出了"二级传播理论",指出了传播有两个阶段:第一个阶段是信息内容首先会到达舆论领导者手中;第二个阶段是,舆论领导者会将内容传递给受众,信息内容并不直接影响普通群众[①]。这一理论在传播效果和传播机制研究方面具有现实意义,这种二级传播对于政策的实施和政权的巩固具有重大意义,并有助于实现国家稳定发展。

(四)传播学

威尔伯·施拉姆创建了传播学,传播学是对社会新闻、政治观念和心理学科等方面的内容进行综合研究,在已有研究成果的基础上,提炼出融合学科的优势,对其进行分类、归纳和修正,从而使传播学更加系统化和结构化。施拉姆从政治功能、经济功能和一般社会功能三个角度概括了大众传播的社会功能,为传播学发展打下坚实的基础。

随着微媒体的迅速发展,微媒体传播逐渐成为新的研究项目,微媒体传播主要研究的是:人们的传播行为、传播的过程以及微媒体传播与人和社会的关系。微媒体传播特征主要有以下几个方面。

首先,微媒体传播将信息认知和共享行为相结合。从最开始人与人的简单口头交流、史书流传,到如今的网络电子传播,表明了人们的交往日益便捷和紧密,也反映出人们在漫长的历史中运用、共享、总结信息的能力正在逐步提高。这些传播活动都反映出了人类社会的发展,与前人的丰硕成果密不可分,同时也表明,信息传播与人类的文明是同步发展和前进的。

其次,微媒体的沟通是间接的、互动的。微媒体传播的间接性是指所要传播的信息要依靠客观存在的媒介来进行,经由这些媒介,才能对信息进行全面的认识,进而实现信息的传递。微媒体传播的互动性就是在信息传播的时候,人与人的交流是对等的,彼此共享信息,在这种交流与共享

---

① 林崇德. 心理学大辞典 [M]. 上海:上海教育出版社,2003:138.

的过程中，还可以产生新的火花，创造新的信息，推动社会的发展。

最后，微媒体传播是自然与社会结合的双向行为。传播是一种自然行为，人们所有的认知都源于整个自然界，唯有认识自然界，才能认识整个世界，然后去改造世界，最终实现自我价值。同时，由于微媒体传播本质上是一种社会行为，个体无法脱离社会单独完成信息的传递，处于相同社会环境中的信息传播者与接收者均会被整体社会环境乃至政治、文化所影响。在这个过程中，人们将会对所传递的信息有更为深入的认识与理解，并且在实践中做出评判，从而创造新的社会关系。

第二章

微媒体时代对高校思想政治教育的影响

第一节 对高校思想政治教育的启示

大学阶段是形成人生观、世界观、价值观的关键时期，大学生接受新事物的能力较强，但同时也很可能受到社会中某些不良思想的感染，从而导致他们迷失自我。微博和微信是大学生们交流思想和宣泄情感的重要渠道，但是在互联网环境下，各种信息难以分辨真假，容易给他们带来误导。

在传统思想政治教育中，高校老师的地位是比较高的，拥有着绝对的权威，而微环境将教师从至高无上的地位转变为另一种地位。在信息化背景下，思想政治教育工作者的工作方法、教学内容都与时代需求不符，这样一来，教育者原本的优势也就没有了，因此，思想政治教育工作者需要与时俱进，关注大学生的需求变化，提升自身素质，做好迎接新时期挑战的准备。

随着微博和微信的兴起，传统的思想政治工作模式受到了严重的挑战，单纯依靠马克思主义理论课和传统的教学方法、内容，已经无法适应新的情况。微时代的信息传播极为迅速，大学生可以基于自己的兴趣爱好，通过关注网站来开展自我教育，也可以与他人进行交流。大学生从知识的被动接受者，转变成了自觉自主的学习者。借助微时代的优势，进行工作方式的创新，以适应新时代发展的需求，这是当前高校思想政治教育面临的首要问题。

在微媒体条件下，由于各种原因，高校思想政治教育工作表现出多样化、复杂性的特征。所以，要强化新时代大学生思想政治教育，就要对当前高校学生思想政治教育的情况和机会进行全面分析、了解，并对其中的问题和挑战进行总结和归纳，尤其要深入分析和明确微媒体对大学生思想政治教育的影响，这样才能在微媒体时代，有针对性地做好大学生的思想政治教育工作。

一、微媒体时代大学生思想政治教育的影响

（一）主体化和客体化双向互动

高校思想政治教育是教育者带有一定目的，对受教育者施加影响，受教育者积极接受教育的过程，在此过程中，主、客体相互影响、相互促进。

1. 这是个主体积极教育的过程

高校思想政治教育的主体指的是从事思想政治教育的教师。其主要职责和作用就是对大学生开展思想政治教育，塑造其人格，培养其科学思维。一所学校能否为社会培养全面发展、有社会主义觉悟的人才，关键在教师。在思想政治教育的过程中，教育者是矛盾的主要方面、占主导地位。教育者需要按照一定的社会思想体系、政治观、社会道德规范，对受教育者实施思想政治教育。然而，思想政治教育是否能够成功开展并实现预期的目标，关键要看受教育者的积极性、主动性的发挥，而这种积极性和主动性的发挥则依赖于教育者的积极引导、努力激发、科学调动，因此，主体积极教育的过程就是教师积极引导、努力激发、科学调动大学生主动性和积极性，实现教育目的的过程。

2. 这也是一个客体能动地受教育的过程

思想政治教育的客体就是接受思想政治教育的对象或人，也就是高校的大学生。在高校中，学生们所受的教育与影响，除了有教育者实施的积极、正面影响之外，还存在着社会中的一些负面、消极的信息影响，因此，作为受教育的客体，思想政治教育是大学生在选择上一个充满积极与消极、干扰与抵抗干扰的复杂、矛盾过程。这就制约着他们的舍取，让他们不再简单地将外部社会要求原封不动地植入到自己的头脑里，相反，他们会能动地按照自身的生活经验、心理环境等，来分析和评价教育主体所施加影响的内容，从而有选择性地接受。由于客体本身存在的矛盾，教学活动又会引发其与主体的矛盾，化解这种矛盾，就要将二者有机统一。而在微媒体环境中，二者之间的矛盾交互过程更为激烈。究其根本，是因为传统思想政治教育中，学生处于被动地受教育状态。在微媒体条件下，高校思想政治教育的学习空间、交往方式和活动方式等都与传统思想政治教育不同，其特点是时间与空间的分离、师生关系的分离、虚拟性与隐蔽性。

作为平等主体的大学生和教育者，利用微媒体装置，以一种交互的形式进行对话、交流和沟通，这就影响了当前的高校思想政治理论课教学模式，并使之陷入了一个十分尴尬的局面。怎样让思想政治课"进头脑"，是每个高校思想政治教育工作者面临的难题。李林英教授认为，在新技术的使用方面，教育者的脚步落后于受教育者。在新媒体环境影响下，在庞杂的信息流冲击下，高校思想政治理论如何在教学实践中提升说服力与感染力，让思想政治理论课入脑入心，成为学生真心喜欢、终身受益、毕生难忘的课程，是摆在高校思想政治理论课面前的一个重要课题。目前，思想政治理论课教育教学已逐步走向系统化、专家化，但其通俗化、时代化仍需加强，这是值得深思的。

（二）国际化和民族化双效互动

在经济全球化和信息全球化的背景下，大学生的国际化意识日益提高，他们的行为与观念已经超越了国界，融入了国际联系中，同时，大学生的思想政治教育观念逐渐体现相互国际化的发展倾向。但是，这一发展观念并不能取代其民族化观念，在微媒体环境下，高校思想政治教育要注重民族性与世界性的统一，在保留自己民族传统的同时，也要汲取人类的共同智慧成果。但是，只有牢记民族化观念才能真正实现国际化。

在微媒体环境下，当代的高校思想政治教育发展呈现出新的走向，即国际化和民族化良性互动。大学生思想政治教育工作取得了一定的进步，拓展了发展思路，增强了开放性，提高了社会活力，同时，思想政治教育思想民族化也有了一定的继承和发展。借助便捷、开放的网络微媒体，高校思想政治教育主体、客体在弘扬民族和国家文化、民族精神的同时，吸收外来先进文化，使本国和他国合作交融、互利共赢，达到了国际化与民族化的结合。这种结合以本国为基础，面向国际，是民族性与时代性的统一，是国际化和民族化的双效互动。

（三）社会化和主体化双向互动

思想政治教育社会化即思想政治教育中，统一整体与外界环境交互、与社会融合的过程[①]。思想政治教育社会化就是其主体的社会化，使教育者、受教育者、社会形成一个有机的整体，有利于个体、社会的健康发展。思想政治教育的主体化，是指在当前日益扩大和深入的经济以及人文环境的影响下，受教育者自身具有或逐渐形成的自主、自立、自我负责的独立意识、创新精神。思想政治教育主体化是要发挥人的主观能动性，培育人的主体性，适应与推动现代社会发展，思想政治教育的主体化推动了社会化。与此同时，任何一次的社会进步，都是主体的意识觉醒与强化，思想政治教育的社会化推动了主体化。二者相互依存、相互促进。社会化与主体化的双向互动是当代思想政治教育的一个重要发展方向。

人创造环境，同样，环境也创造人。微媒体时代下，全面、开放的社会环境，让大学生能够在更广阔领域内获取更多的信息，并能充分发挥自己的主观能动性，这就不可避免地促进了思想政治教育的主体化。新媒介

[①] 陆海英. 新媒体环境下大学生思想政治教育长效机制构建策略研究[J]. 石家庄：学周刊，2023（31）：9-11.

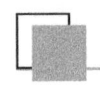

环境下，人们的思想和行为受到越来越多的因素的影响，这也促进了思想政治教育的社会化。也就是说，在微媒体环境中，大学生的思想政治教育社会化与主体化是相互影响、相互补充的。社会化保障了人的延续与文化传承，主体化则赋予个体独立于现实的独特性和创造性，社会化和主体化是双向互动的。

（四）科学化和现代化协同并进

思想政治教育科学化就是思想政治教育理论、实践中的真理性和规律性。其工作方式由经验型转向科学型，其预见性、超前性研究不断强化；思想政治教育现代化就是全面、深刻变革、整合运用的过程，在信息化社会中，通过网络技术、大众传媒载体，有效发展自身，适应社会发展需要的观念、体制等的现代化。

社会的发展促进了网络技术和大众传媒载体的运用，同时也改变了学生思想政治教育的环境，推动着高校思想政治教育的科学性、现代化。高校思想政治教育在微媒体环境中的理论、内容、手段科学化和现代化倾向更为显著，二者的关系也更为紧密。教育者与大学生利用现代化的微媒体技术进行交流和沟通，从固定的课堂时间和教育空间，转变为不受时空限制的自由教育，这促进了高校思想政治教育的科学化；且思想政治教育的观念、体制等也不断向现代化转变。

二、微媒体时代大学生思想政治教育的启示

（一）微媒体信息传播的开放性为大学生思想政治教育提供广阔平台

对大学生进行思想政治教育，就是获取、选择、传播信息的过程，是以丰富、生动的信息，感染和熏陶大学生思想观念、价值观念、精神状态的过程。由此，信息获取是成功开展大学生思想政治教育、取得实效的关键所在。而以数字技术、计算机网络技术、移动通信技术为基础的微媒体，有着开放性强、资源丰富、覆盖面广等优势。意识形态是一个民族、一个国家的重要思想战场。近年来，国内外的意识形态、舆论导向之争日

趋白热化。我国历来重视把握意识形态、舆论导向的主动权，多在重要会议上指出，要坚持正确的舆论导向，始终站在时代前沿。

在传统媒体的时代，外来意识形态对各国开展的国民政治意识形态教育影响较小。微媒体的出现使这种局面发生了变化。微媒体平台的开放性和共享性，使得不同意识形态能够通过平台在全球范围内传播，不良思想文化的传播，对大学生的思想观念和道德认知产生了一定的冲击，这在无形中影响着社会主义意识形态的控制力，给高校的思想政治教育工作带来了严重的影响。在微媒体背景下，人们面临着文化殖民主义的挑战，这是对传统思想政治教育的严峻考验。另外，有些媒介借助微媒体传播一些不良信息，给学校带来了一定的影响。

因为大学生的生活阅历不多，所以他们很容易被一些不良的思想所迷惑，从而导致他们形成不健康的世界观和价值观，对他们的身心健康造成损害。在微媒体环境下，大学的舆论导向受到了严重的冲击。政府及高校思想政治教育工作者手中的舆论导向控制权，面临着前所未有的威胁信任危机和人格障碍问题。

在微媒体（例如，微信、微博等）进行的交流，有极强的互动性、平等性，可以让大学生感到愉悦，但因为这种愉悦感可以很容易获取，从而让他们在享受微媒体带来的便利与乐趣的同时，对微媒体产生了依赖，甚至会出现沉迷的情况。这实际上就是一种过度依赖和适应微媒体产生的心理异常。这种异常在一开始仅表现为烦躁，然后逐渐演变成生理上的不适。

另外，微媒体有着鲜明的虚拟性特征，许多人在平台上以匿名的方式进行交流，在交流的过程中，每个人面对的都不是活生生的人，而是文字或图片，人与人之间的沟通，以面具的方式出现，以一种工具化的态度面对别人，这就导致人与人之间的情感交流产生距离，就会出现实际交往中怀疑他人真诚性、自身缺乏真诚性的形象，从而影响到个人与他人良好关系的构建和发展。而一旦在微媒体中的经常性表现逐步定型，与实际存在较大差异时，就会产生个体的双重人格或多重人格现象。如果现实人格与虚拟人格经常转换，就会产生心理危机，从而引发人格障碍。然而，大学生正处在身心发展的阶段，好强心和猎奇心很强，这就使得他们对于权威"说教"、科学信息存在一种天然的质疑情绪。相反，不良信息似乎更能引起他们的关注，一些学生受到这些不良信息的影响，由此引发了一些社会问题。

（二）微媒体信息传播的"无屏障性"影响部分大学生的价值观

对于虚拟社会究竟应当坚持何种价值观，存在着很大的争论。有些人主张，在虚拟社会中，应该依据市场经济法则遵循现实社会中的规则。也有人主张，在虚拟社会中，应当张扬人性，而不能把利益的最大化作为发展的尺度。然而，微媒体深刻地影响着当代大学生的生活方式、思维方式和思想观念，这给高校思想政治理论课的教学方法和教学效果都提出了新的挑战。

北京理工大学的李林英教授对此进行了深入的剖析，她认为微媒体信息传播的"无屏障性"造成了这种挑战。从一定意义上讲，微媒体时代的校园信息传播正处在一种没有时空限制、没有信息屏障的状态，信息的发布和使用空间更加自由。一方面，学生们能够无拘无束地在网络上表达自己的观点。另一方面，网络信息鱼龙混杂，有些信息甚至带有欺骗性，而想要控制这些不良信息的发布、传播、接受的难度极大，这严重影响着处于人生观和价值观正在形成、是非辨别力不高的大学生成长。

第二节　微媒体是大学生思想政治教育的必然选择

21世纪以来，随着微媒体逐渐开放，它的重要性和影响力越来越大，逐渐成了大学生思想政治教育的重要传播载体。但新媒介作为一柄"双刃剑"，一方面为高校的学生提供了更加丰富多彩的教学内容和崭新的教育方式，另一方面也带来了一定的影响。这就要求对大学生思想政治教育进行创新，需要思想政治教育工作者坚守优良的高校思想政治教育理论，创新教育理念，与时俱进，关注大学生的需求，消除微媒体可能带来的负面影响，充分发挥其积极作用，增强思想政治教育的实效性。

一、创新高校思想政治教育的理论依据

（一）马克思主义关于人的全面发展论

马克思以实际的个体为中心，重视人的全面发展，对人的全面发展内涵进行了深入研究，有着深远的指导意义。"人的全面发展"理论内涵就是个体能力的充分、自由发展。马克思认为，能力是存在于人体中的，是人生产某种使用价值时所运用的体力与智力的总和。因此，唯有通过发展社会生产，才能实现生产力的高度发展，才能推动社会关系的变化，从而充分地产生和充实社会关系，只有这样，才能够使人的体力和智力得到充分而自由的发展与运用。

1. 人的才能的多方面发展

马克思和恩格斯认为，人的才能的自由发展有着重要的作用。人的自由发展程度是受自然、社会条件等多种客观因素制约的，同时也受人自身体力和智力发展制约。个人全面发展的前提是充分自由发展的条件，因此，需要为所有人创造生活条件，才能促使个体可以自由地发展人的本性。

2. 人的社会关系的丰富和发展

人是自然的一部分，具有自然性；也是社会发展到一定阶段的产物，具有社会性。马克思认为，社会关系的丰富发展是人全面发展的重要内涵，并主张所有让人沦为被侮辱、被抛弃的关系都应该被推翻，这样才能促进人与社会的协调发展。人全面发展的一个基本前提就是人与社会的协调发展。而人发展和社会发展是互为前提和基础的。一方面，人的关系和活动构成了社会，社会的发展离不开人的发展；另一方面，社会发展则为个体的发展创造途径与条件，个体的发展是由与其直接或间接交往的所有人的发展决定的。所以，个人与社会需要协调发展，才能使人和社会得到全面发展。

3. 人的全面发展是大学生思想政治教育追求的目标

马克思主义立足于"现实的个人"探讨了人的全面发展。主张不管社会的形式是怎么样的，它都是人们交互活动的结果，历史只是那些追寻自身目的的人的活动。因此，要实现大学生思想政治教育目标，促进大学生全面而自由地发展，就要积极开展各种思想政治教育活动，增强思想政治教育的实效性。

4. 大学生思想政治教育对大学生全面发展有促进作用

作为全面发展教育的一个方面，思想政治教育关系着人的发展方向问题。在人的自由、全面的发展中，思想政治教育起着导向和促进作用。在新的国内外形势和情况下，尤其是随着我国经济建设向着工业化、信息化、市场化和社会化的方向发展，要培养出全面发展、精通整个生产系统的人，就需要高校思想政治教育与全面发展教育的其他方式相结合，尤其要吸收、运用微媒体条件下的各种新型教育资源及方式，坚持育人为本、全面发展，重点强化学生服务国家和人民的社会责任感、善于解决问题的实践能力。

（二）"教育即生活"理论

借鉴和学习约翰·杜威教育思想中的积极成分，可以帮助思想政治教育工作者，在微媒体环境下进行思想政治教育创新。

"教育即是生活"。杜威认为人的本能、天性等才是真正的教育目的所在。因此，他反对僵化的、外插式的教育目的论，主张教育既生活，并非为未来生活所做的准备。他不赞成外在教育目的作为控制教育的观点，因为这将抹杀个体的实际潜能和个性趋向。

"学校即社会"。杜威从教育即生活的观点出发，提出了"学校即社会"的说法。他把学校作为一种社会组织，它是一种社会生活的形式，因此，校内学习应当和校外学习密切结合起来，学校不能成为一个孤立于社会的组织，而是要具有一定的社会生活条件，成为一个有活力的社会机构。

"以学生为中心"。杜威对"以教师为主体"的传统教育观念进行了批判，认为这种教育观念过于强调知识教育，而忽视了学习者的学习兴趣与能动性；过分强调学校和教师对学生的约束，而忽视了学生的自我控制、自主和自由权利。另一方面，杜威也极为反对以教材为主体的教育观。

百年后的今天，杜威的教育哲学理念仍然闪烁着思想智慧的光芒。借鉴和吸收其教育思想，对于微媒体环境下进行高校思想政治教育工作创新具有一定的借鉴意义。

以微媒体信息平台为载体，实现思想政治教育内容社会化。杜威主张：知识只有在提出被置于社会生活背景中的材料的明确形象和概念时，才是名副其实的有教育性的①。即要真正做到教育内容与现实生活紧密联系，把理论与现实生活相联系，使学生从生活中学习，从学习中感悟，从感悟中明理，从而形成既忠诚于自己，也符合社会需求的道德规范。从当前思想政治教育工作出发，思想政治教育工作者需要积极地接触、熟练地掌握并运用微媒体工具，收集第一手的社会信息和资料，培养良好的媒介素养，与学生开展前沿性、社会性的深入沟通，让学生的所思、所感、所想与教育产生强烈共鸣。

二、更新思想观念，强调学生的主体地位

在传统的思想政治教育中，教师是主导者，其思想政治教育的成效并不高。杜威全面批判传统教育"以教师为中心"的教学过程，这与微媒体环境下，大学生思想政治教育所面临的挑战、需要进行的思考和改革相吻合。为此，在微媒体环境下，思想政治教育工作者要改变思想观念，突出以学生为中心的观念，重视学生在教育过程中的主导作用，通过大量的微媒体手段，为学生搭建一个平等开放、真诚互信的交流平台，真诚地和他们沟通，巧妙引导他们开放自己的思维、锻炼自己的能力，增强思想政治教育的效果。

高校是人才培养的主要阵地之一，其基本使命就是为中国特色社会主

---

① 许建宝. "微时代"背景下的高校思想政治教育 [M]. 长春：东北师范大学出版社，2017：193.

义事业培养建设者和接班人，这也是我国高校办学性质的定位。这种性质决定了我国高校思想政治教育在新的历史条件下，要以育人为本、德育为先，从多个方面来促进大学生的全面发展，尤其是在新的媒体条件下，高校思想政治教育理论的发展更需要与时俱进。

大学生是民族的希望，祖国的未来。当代高校思想政治教育工作的目的，在于把大学生培养成为社会主义事业的建设者和接班人，因此，高校思想政治教育更应突出以人为本的教育理念，重视大学生在教育中的主体地位。但是，不能把它仅仅看作是纯粹的政治素质要求。尤其是在微媒体时代下，社会主义社会是以人为本、是人全面发展的社会，高校思想政治教育的目标应该更多地反映出大学生的主体地位。首先，应从大学生的内部心理需求出发，对其进行科学的目标定位，以此来设计和开展教育活动，使其能够自觉接受思想政治教育，在教育中提高自身思想政治素养；其次，要关注大学生的个体差异，要将培养和发展他们丰富多彩的综合素质，作为高校思想政治教育的一个重要的教育目标，使他们能够充分发挥其独特的个性优势，形成独立高尚的品格。

在加强大学生的国家和民族意识的基础上，更要加强其国际意识、民本意识。当前我国高校思想政治教育要弘扬传统美德和文化，加强大学生的责任感、使命感、民族自豪感；要帮助大学生树立民族意识、树立为中华民族伟大复兴的坚定信心；要强化大学生的爱国教育，引导大学生形成自强不息的精神，培育其社会主义、爱国主义和集体主义思想，当涉及本国本民族利益时，能坚定维护本国、本民族的利益。但是，在微媒体时代，经济全球化的大背景中，除了要强化国情教育，还应加强对其进行国际经济形势与政策方面的教育，培养其国际意识与全球视野；既要抵抗来自外来文化腐朽思想的侵蚀，又要从外来文化中吸取精华；抵制西方政治特权，通过借鉴国外民主政治法制建设、和谐社会与社会建设的经验，使当代大学生能够以一种更加开放的姿态去面对未来，接受各种挑战，从而更好地推动本民族的经济、文化发展，实现中华民族的伟大复兴。

在坚持主流意识形态、政治素质的前提下，更要重视大学生的全面成长。在多元文化相互碰撞的今天，高校只有坚持以科学的思想理论作为导向，充分运用微媒体平台的力量和优势，有针对性地引导大学生的主流意识形态，才能将大学生培养成为社会主义事业的合格接班人。但需要注意的是，不能将提升与健全高校思想政治作为其唯一的目标，而是要将大学生的全面成长纳入高校思想政治教育的目标中，把思想政治工作与推动学生的素质教育结合在一起，以健全大学生的智能结构、创新精神、实践能力作为高校思想政治教育的重要目标，在校内推动大学生的素质拓展、学术创新等，促进大学生的思想政治素养和各项素质的协调发展，使高校思想政治教育工作不断深入，取得良好的效果。

三、高校思想政治教育的任务与特点

《关于进一步加强和改进大学生思想政治教育的意见》明确了强化大学生思想政治教育的主要任务。围绕理想信念教育，加强大学生的世界观、人生观、价值观教育，深入开展四史教育、基本国情和形势政策教育、科学发展观教育，让他们对社会发展的规律有正确的认识，使其认清国家的前途命运、自己的社会责任，走中国特色社会主义道路，坚定实现中华民族伟大复兴的共同理想和信念。应引导大学生不断追求更高的目标，帮助他们树立社会主义崇高理想，坚定马克思主义信念。

要把爱国主义教育作为重要内容，深入推进弘扬和培育民族精神的教育，推进中华民族优良传统和中国传统教育；开展民族平等团结教育，培养爱好和平、自强不息的精神，培养各民族自尊心，增强民族自豪感。要将民族精神教育同以改革创新为主要内容的时代精神教育相结合，使大学生从中国特色社会主义事业的伟大实践中，吸取时代和社会发展的养分，培养爱国情怀、改革精神和创新能力，永远保持艰苦奋斗的作风和高昂的精神状态。

在基本道德规范基础上，加强公民道德教育。要切实把《公民道德建设实施纲要》落实好，坚持为人民服务，以集体主义为原则，诚实守信，大力开展社会公德、职业道德和家庭美德的教育，使大学生遵守爱国守法、团结友善、敬业奉献的基本道德规范。坚持知行合一，大力开展道德实践活动，将德育实践活动与大学生学习生活有机地结合起来。健全高校学生行为准则，使他们从自己身边事做起，把重点放在养成其良好道德品质和文明行为上。

围绕大学生的全面发展目标，积极开展素质教育。强化民主法制教育，提高其遵纪守法观念。在对大学生进行人文素质和科学精神教育的同时，还要对他们进行集体主义和团结合作精神教育，使他们的思想道德素质、科学文化素质以及健康素质都得到协调发展。让他们能够勤于学习、善于创造、甘于奉献，成为有理想、有道德、有文化、有纪律的社会主义建设者。在现代中国社会，大学生是特殊而又令人瞩目的群体。这一群体有着较高的素质、精力充沛，是社会中最有活力的群体，在对外界充满热情和活力的同时，也肩负着更多的社会责任和家庭责任，因此，研究当代大学生的思想特点和成长成才规律是非常有意义的。

当前大学生的主要思想是：具有积极向上的主流思想。主要体现在：当前的大学生政治思想意识比较高，关心国事，具有浓厚的家国情怀。他们不再把自己限制在自己生活的小圈子里，而更多地关心外部世界，有着很高的政治认同感，尤其在涉及国家荣誉、民族根本利益和未来命运的大事上，他们展现出了浓厚的爱国热情和社会责任感。

大学生在追求高道德素质、承担社会责任的同时，也容易被一些不良的社会风气所影响。大部分大学生有着积极向上的人生态度，不愿意虚度人生，愿意为自己的人生理想和人生价值付出努力。同时，他们还具备较高的道德素质，遵纪守法，在人格品质上，也展现出良好的品行，力求使自己成为对社会有用之人，积极承担起社会职责。但是，大学生并非生活于"真空"中，他们的思想还受到整个社会大环境所影响，容易被社会中某些不良风气所感染。例如，一些大学生考试弄虚作假、过分重视实效和利益等，已经成为社会关注的焦点问题。

改革开放以来，大学生接受了外来思想文化中的自由平等、民主法治、公平竞争等先进理念和价值观，这也让他们的积极性、主动性和创新性得以充分的展现。勇于追求自己的正当利益，重视个人能力的发展与整体素养的提升，主体意识不断增强。这种变化在婚恋、交友和职业选择等方面都有很明显的体现。当今大学生，尽管与世界接轨很快，但是，从最深层次来说，他们还受到中国传统思想的影响，在继承中国传统思想精华的同时，也受到各种不良因素的影响。

目前，高校学生的社会认知水平相对较高，但其实际行为往往与认知存在着一定的距离。比如，大学生有着很高的个人理想与社会理想，不过在追求自己理想过程中，当理想与实际有较大差距时，部分学生就会产生很大的心理落差，产生颓废思想，有的学生为了追求"实惠"，就会放弃原来的理想，走一条比较切合实际的道路。又如，大学生的道德素质水平很高，不管是在社会公德方面，还是在个人品德方面，他们都懂得社会倡导的是什么，以及为社会所排斥的是什么。他们对社会上某些有失道德、影响社会风气的事情会发出谴责，但如果是自己置身其中，一部分学生又以自己原先所鄙视的方式行事，并把它当作是被迫而为之。

大学生的成长和成才往往要经历两个阶段。第一阶段是修身、学业、就业；第二阶段是学历、能力、人格的养成，这两个阶段是各自独立、互为补充、相互联系的。第一阶段是大学生从适应大学生活到毕业、就业的一个过程。这一过程是其成长的根本，是其成才的逻辑起点。第二个阶段是大学生成长、成才、上升的又一个阶段。与前一阶段比较，这一时期的思想认识更加深入，发展更扎实，影响更深远，因此需要注重以下三个方面的提升。

一是要适应好独立于社会的起始阶段。高考的压力和家人的期望，让他们在高中阶段将大部分的精力都放在了学习上。每时每刻，都有人督促他们学习，以顺利考上大学。而进入大学后，变化较大，所有的事情都需要自己解决，应对生活、规划和发展自己等问题，都需要大学生独自面对。大学就是一个"小社会"，社会上的各种问题都会以不同形式反映在校园中。即便是善于思考、有一定能力的学生也会感到无所适从。因此，学校要引导和培养他们的主体意识和独立精神，使他们适应独立生活，在探索成长规律过程中逐渐成熟。

二是要适应好大学的学习生活。在大学里有这么一段顺口溜：一年级不知道什么是不知道；二年级不知道什么是知道；三年级知道什么是不知道；四年级知道什么是知道①。但是，实际上，在高年级学生懂得"什么是知道"的时候，就已经失去了许多弥补"应该知道的不知道"的机会。所以，不光是一年级的新生在面对大学生活时不知所措，就连一些已经在学校生活了好几年的高年级学生，都在思考自己在大学学到了什么？以及自己毕业后的发展方向。一所高校的人才培养目标，并不是依靠学校一己之力就能实现的。学生是学习和成才的主体，是矛盾的主要方面。只有充分调动学生的积极性、能动性，让学校教育与学生努力形成共鸣，才能顺利实现人才培养目标。要实现这一目标，思想政治教育工作者应该和大学生共同探求什么是大学，使大学生学会安排自己的学习生活，在大学期间确立和实现自己的奋斗目标。培养学生的学习能力、思考能力和思考深度，培养学生的追求精神。

三是要实现从感性到理性的提升。部分大学生在政治信仰、理想信念和价值取向等方面还存在迷茫的问题。他们学习过很多政治、哲学和社会主义等理论。但到了应该了解政治、追求信念时，他们却感到迷茫。加之当前社会中各种思想、观念的影响，使得一些大学生在意识形态上出现了一系列问题。现在的大学生，大部分是独生子女，就算是出生在多个子女的农村家庭，也会受到各方面的优待，这种环境就像一个温室，要让学生从温室里出来，去经历风雨，去看世界，就得将他们遇到的各种问题提升到理性的高度上，找到其中的规律，并给予他们以科学的指导，让他们在大学中得到发展。

---

① 陈国祥. 大学生成长成才的双螺旋理论 [J]. 北京：中国高等教育，2010（3、4）：36-37.

第三节　全面提升思想政治教育文化涵养

一、充分运用微媒体平台

在微媒体环境下，要充分利用微媒体平台的优势，把思想政治教育渗透到其他活动中，要注意教育目标的隐蔽性和内容的渗透性。具体来说，高校要利用诸如微博等微媒体，有意识地对学生进行引导和熏陶，激发他们的兴趣和参与意识，让他们在无形之中受到感染与教育。这就需要教育工作者全面了解并运用微媒体手段，并且要有一定的耐性，在认真选择好媒介和教育目标后，逐步开展隐性暗示、渗透、教育。

二、注意教育手段的非强制性和长期性统一

从现代大学生接受事物特性及认识规律出发，对其进行教育时，不可采用强制的手段，不可急于求成。要坚持采用引导、感染、熏陶等方法，循序渐进地将教育理念、目标以及正确的价值观传授给学生。此外，还要善于运用网络语言、网络交流习惯。举个例子，现在的"00后"大学生喜欢时尚、充满活力、无厘头的网络语言，或许一些思想政治教育工作者并不理解、赞同，但这仅仅是一种交流的方式。假如能运用这种语言形式和思维方式与大学生进行交流，则能快速赢得他们的好感和信赖。相关研究显示，教育对象接受思想政治教育的时间与效率成正比，时间越长、影响越深、效果越好[1]。这就要求思想政治教育工作者在教育时要有耐心、恒心、毅力。

---

[1] 许建宝. "微时代"背景下的高校思想政治教育 [M]. 长春：东北师范大学出版社，2017：199.

三、坚持教育方式的统一原则

在微媒体环境下,对大学生进行思想政治教育时,要注意载体选择的实用性和适用性。微媒体是多种多样的,因此,开展工作时要充分考虑到大学生的特征和微媒体手段的各种特性,选用合适的微媒体,精心营造一个良好的教育环境,耐心营造适宜的教育氛围,这不仅有助于培养学生的自主学习意识,也有助于加强对大学生的思想政治教育效果。

四、坚持以人为本原则

归根结底,思想政治教育就是做人的工作,就是要以人为本。具体到大学生的思想政治教育工作中,以人为本就是要思想政治教育为学生教育服务。要利用微媒体,及时掌握学生的思想动态、生活中遇到的困难和思想上的问题,予以适时地处理。充分反映出大学思想政治教育为学生学习、生活、全面成才服务的理念,让学生不觉得自己是被管理者,而更多地是享有关心与服务、话语权与参与权、建议权的主体,从而更好地满足学生的自主、学习需求,也有助于让他们在自主活动中,把学校、社会要求的思想观念和行为习惯,变成自己的自觉意识和行为。

五、借鉴和学习成功案例

在运用微媒体进行高校学生的思想政治教育工作中,有许多成功的事例和人物,是值得借鉴和学习的。例如,泰州师范高等专科学校辅导员朱以财。他非常重视学生的思想启迪,常常利用校园网、微博等平台,向学生宣传各种心理健康、职业规划等方面的知识。他将自己的工作公布于微媒体平台上,让学生换位思考,得到了学生的理解和尊重,与学生之间的交流也更直接、高效。他曾在微媒体平台记录自己儿子出生后的各种事情,其真挚的情感在学生之间产生了很大的反响,学生可以从更深层次,

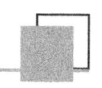

对富有人性的辅导员有更深刻的了解,对他的工作也更理解、支持。朱以财会在每天早晨6点,准时给学生发送"阳光成长心语"。他认为,这样不仅能督促学生按时起床,还能帮助学生了解和解决他们成长中遇到的各种问题,让他们能以积极的心态面对生活和学习①。

自2007以来,他根据自己丰富的工作管理经验发表了大量文章,并积极组织了全国高校辅导员联谊会,成立"高校辅导员之家"等网络交流平台。全国高校辅导员联谊会得到了部分领导和教师的支持,推动了辅导员相互学习与交流,同时也以自身的一些成功经验,为广大高校辅导员做好自己工作提供了一定的借鉴和参考价值。

六、思想政治理论课教学需要改革创新

微媒体时代的来临,使年轻的大学生拓宽了眼界,丰富了交流方式,提高了他们的自主性,但对于传统思想政治教育而言这是一种挑战,思想政治理论课教学必须做出改变。在我国各高等院校中广泛开设了的思想政治理论课,这是由我国的社会主义制度的性质决定的,这是培养大学生科学世界观、人生观、价值观的主要途径,所以,对高校思想政治理论课的作用和意义的认识非常重要。

同时,要对一些模糊的思想进行具体分析:高校思想政治理论课关系到上层建筑的意识形态。然而,高校思政课的教师扮演的并不只是"传道授业解惑"的一般角色,他们还肩负着传播马克思主义思想的职责。在教育过程中,师生之间的对话是平等的,教师要充分利用自己的广博学识与社会经验、扎实的理论功底和理性的思辨能力来获取与学生的共同语言。

高校思想政治理论课是提高大学生的政治素质工作的重中之重。事实上,许多的社团活动,如暑期实践、辅导员工作等,在改变大学生的世界观、人生观、价值观方面发挥着重要的作用。

---

① 许建宝. "微时代"背景下的高校思想政治教育 [M]. 长春:东北师范大学出版社,2017:200.

（一）启迪感悟

鲁迅认为再有才华的人，其最初的啼哭，也未必是一首好诗。人的成长过程，就是一个不断感悟的启迪过程。这里的父母、学校、社会条件，甚至生活阅历，都将发挥积极影响。大学阶段是学生走向社会的关键时期，但是给予积极的感悟却并未终结。高校思想政治理论课教师要用自身的人格魅力、社会阅历去启迪人生。

（二）传授知识

感悟终究只是经验，而经验需要以理论来支撑，不然就如同天空中漂浮着的云朵，飘忽不定。当前高校本科生学习的思想政治理论必修课各有特征，特别是原理课，它是对马克思主义基本原理的整体概括，它是科学的世界观与方法论。尽管原理自身是相当抽象的，但是由于其包含了一系列的知识点、概念和范畴，其内部逻辑严密，所以要认真教授这些知识。这既需要思政教师有扎实的理论功底，又要有较强的科研能力和高超的授课艺术。

（三）确立信念

大学生充满激情、富有理想、充满活力，但是他们还没有走入社会，人生经验还不丰富，在面对一些问题时可能会感到不理解、迷茫。特别是在当前，某些不良价值观念和理想判断，对他们的学习和生活产生了一定的影响。大学也不是一方净土。但这同样也有助于他们在走上工作岗位时，能够积极地应对各种挑战。在高校阶段，通过一系列的教学活动，使学生能够在对比之中做出抉择，在迷茫之中辨别，循序渐进地建立起自己的理想和信念。不能要求每个人都抱着统一的信念，但是可以对他们进行正面的指引。

（四）引导行动

不管理想信念层次如何，最后都能通过具体的行动表现出来，大学生的日常行为也能折射出他们的整体思想素质。在学校的社团活动中，有高水平的专家讲座，有各种各样的文化活动，有流行的娱乐文化，比如，影视明星和歌手的粉丝。思政课教师有责任引导大学生积极参与高水平的校园文化活动，参加这些活动对于大学生的身心健康也是有益的。

大学生是祖国和民族的希望、未来。要把大学生培养成为中国特色社会主义事业的合格建设者和接班人，除了要加强其自身的科学文化素养，还要加强其自身的思想政治素质，培养其健全的人格。只有切实做好这项工作，才能保障社会主义事业能代代相传。如何做好新时期大学生思想政治教育，已成为全社会共同关注的问题。在《关于进一步加强和改进大学生思想政治教育的意见》中，明确指出高校思政理论课是高校学生思想政治教育的主渠道，要积极运用多媒体和网络技术，实现教学手段现代化。

（五）顺应时代潮流，把握学生实际需要

在微媒体环境下，要有效抵御各种不良信息的冲击，确保马克思主义意识形态的核心地位，维护社会的和谐与稳定，思想政治理论课教学就要适应时代需要，深化教学改革，通过微媒体手段，增强教学实效，大力提高大学生的思想政治素质，为他们健康成长、成才服务。

当前高校学生对思想政治理论教学效果的期待。大学生认为思想政治课教学效果应该具备以下特点：学生能较好地把握教学课程的知识，并能积极参与到学习中。其中，学生更注重于可以从学习中获得乐趣，而非专注于能否在有关测验中获得高分数。从这一点可以看出，学生更愿意在课堂上参加学习时，在享受乐趣的过程中，掌握相关的知识。良好的教学效果能极大地促进学生的兴趣，所以，不能只根据他们的学习成绩来评价教学效果好坏。

改革高校思想政治课的教学方式势在必行。当代大学生思维活跃，普遍喜欢课外学习及社会实践活动，或者面对面的交流座谈。所以，提高思想政治类课程的教学方式关键在于改善教学手段和方法，用鲜活的例子、新颖的形式来启发学生思考。

在微媒体时代中，信息传播是自由的、快速的，内容是不可控的，这在为人们获取信息提供了便利的同时，也是一种无形的思想政治教育方式，它对于大学生的思想政治意识、价值尺度、道德观念的塑造起到了至关重要的作用。高校思想政治理论课是高校学生思想政治教育的主要渠道，要积极适应微媒体时代的新要求，并积极探索应对之策，只有这样，才能更好地提高大学生思想政治教育的实效性。

第四节　促进社会主义和谐社会的构建

一、思想政治教育工作是经济工作和其他一切工作的"生命线"

思想政治教育工作是经济工作和其他一切工作的"生命线"，这是对思想政治教育工作战略地位的高度概括，既有科学的理论根据，又有丰富的实践基础。这不仅是历史唯物主义的必然要求，也是对历史唯物主义基本原理的贯彻和应用。历史唯物主义认为，尽管经济决定着政治，但政治又反过来影响着经济。

历史唯物主义主张，在一个阶级社会中，政治在一定程度上体现出阶级对经济运动的某种需求，并以各种政治手段，干预着整体经济活动。我国思想政治教育就是通过一定的政治形式，将代表人民群众利益的理论、路线等，转化为具体工作，促进以经济建设为核心的社会主义现代化建设事业发展。

历史唯物主义也指出了社会存在决定社会意识，社会意识又反作用于社会存在。在众多的社会意识形态中，先进的思想政治观点既能体现时代的趋势，又能体现社会发展的要求，为人民群众认识世界和改造世界提供强有力的精神武器，极大地促进了社会的发展。思想政治教育就是将我国重要的科学理论体系教育到人民群众的思想当中，强化他们为中国特色社会主义事业建设而奉献的积极性、主动性。

二、思想政治教育是团结各族人民实现国家各项任务的"中心环节"

在这个新的历史时期,社会变革形势的复杂性和多变性,要求思想政治教育工作者要牢固树立"中心环节"的意识。伴随着改革的不断深化,我国社会生活出现了一些新的发展趋势。经济成分和经济利益、就业岗位和就业方式等日益多样化,使得社会生活现实多样化,而这就会导致人们思想认识、价值观念和思维方式矛盾、复杂多变。这就需要人们树立"中心环节"意识,充分发挥思想政治教育工作的作用,运用我国现阶段中国特色社会主义的共同理想和信念,以及科学的世界观、人生观、价值观,来教育人、说服人,将全国各族群众凝聚起来,研究新情况、解决新问题,深化改革、稳定发展。

三、思想政治教育为改革开放和现代化事业提供强大动力与保证

思想政治教育工作为改革开放和现代化事业提供强大的动力与保证,是对思想政治教育工作战略地位的科学概括。只有充分将思想政治工作的政治优势利用起来,才能确保经济工作以及其他工作都沿着正确的轨道前进,才能确保各种方针政策的落实,及时排除和战胜各种错误东西的干扰,巩固和发展全国各族人民共同奋斗的思想政治基础,从而为经济工作和其他工作提供强大的动力与保证。

基于马克思主义基本理论来看,一方面,思想政治教育工作是社会上层建筑意识形态的核心之一。经济基础决定了上层建筑意识形态,而上层建筑意识形态又反过来影响着经济基础,它既能够约束经济基础和社会生活的发展方向,又可以推动或阻碍经济基础和社会生活的发展。这种反作用是很强烈的,而且有时候具有决定性。上层建筑意识形态对于经济基础和社会生活具有反作用,是思想政治教育工作为其他工作提供强大动力和

保障的机制、理论依据。另一方面，人是思想政治教育工作的对象，是社会实践的主体。人的行为方向与积极性程度，决定着社会经济和社会生活的方向。而人的行为又受到思想的制约，所以，思想政治教育工作可以通过引导人们的思想、激发人的积极性，从而为社会经济和社会生活的方向和发展提供强大的"动力与保证"。这一点在我国革命和建设的历史中得到了印证。中国军队能以少胜多，中华民族能够在经济困难时期顽强拼搏，在世界社会主义低谷中取得巨大社会主义现代化建设的成功，离不开强有力的思想政治教育工作，团结、引领全国人民，充分发挥其"强大动力与保证"作用的结果。

四、深刻认识、理解思想政治教育在创新教育中的地位和作用

其实，就个人的创新品质构成而言，可以划分为创新智力品质和创新非智力品质两大类。前者包括创新的知识素养和创新性思维能力；后者包括创新心理、创新型个性等有利于创新的因素。所以，创新教育的基本目标是培养学生的创新意识、创新精神、创新能力和创新人格，运用有组织和有计划的教育活动，激发学生的创新欲望，培养他们的创新意识，发掘他们的创新潜力，以此来建立以学生为主体，具有创新性和实践性的活动形式。由此，充分把握与理解思想政治教育在创新教育中的地位和作用，是开展好创新教育的重要条件之一。

政治是统帅，是灵魂，是一切工作的生命。从政治、社会学的视角来分析，思想政治教育是实现政治社会化的一种重要手段，它具有政治教化的作用，也就是教育者通过一定的方式，向受教育者传输包括政治理念、道德准则等的社会主流意识形态，从而让受教育者能够在政治上、思想上、道德上适应社会的需要，同时成为这个社会稳定与发展的重要支柱力量。

从教育学的视角来看，思想政治教育是以培养人才和个人成才为目标的，是个体成才的政治导向和动力保障，也是推动了个体的非智力品质发

展的重要保障。运用哲学、政治学、教育学、伦理学等学科知识,指导学生树立正确的人生观,激发其树立远大理想信念,强化其使命感,培养其坚强的意志品质和良好的心理素质,指导其构建合理的知识结构,掌握科学的学习方法,培养出合格的社会主义事业的建设者和接班人。

人的所有行为都是由思想指导的,科学与知识并无边界,只是掌握科学和知识的人身处不同的国度,属于不同的阶层,思想的先进程度与掌握科学知识的多少之间并无直接关系。这也就决定了思想政治教育占据创新教育中的核心位置。思想政治教育是培养创新型人才的政治导向和动力源泉,这是创新教育的根本和关键。

(一) 思想政治教育为创新教育奠定理论基础提供条件

马克思主义认为,世界不是孤立的,静止的、片面的,世界是联系的、发展的,是有规律可循的。发展是新事物的产生和旧事物的灭亡,发展是事物由低级到高级、由简单到复杂的前进性变化或不断更新的过程[①]。教育的更新需要人们主观能动性的充分发挥,在探讨教育理论、分析教育实践、总结教育发展规律的过程中,形成新的教育观、教育方法、教育思路等。

要达到目的,就有明确的方向,在培养创新人才的时候,首先要明确为谁培养人、培养什么样的人的问题。这既是关于人才素质的问题,也是关乎国家和民族命运的问题。思想政治教育可以为创新教育提供方针指导,从而使创造教育能够在实践中贯彻教育思想和教育方针,在社会主义办学道路上继续向前发展。思想政治教育能为创新型人才提供理论武器,用马克思列宁主义、毛泽东思想、邓小平理论、"三个代表"重要思想、科学发展观、新时代中国特色社会主义思想武装起来的创新人才,才能在不断变化的世界格局中,保持清醒的头脑,战胜各种难题,始终朝着正确的方向发展。

---

① 许建宝. "微时代"背景下的高校思想政治教育 [M]. 长春:东北师范大学出版社,2017:206.

（二）思想政治教育为人才的创新实践提供精神支持

人的创新意识的终极指向是创新实践，而创新实践必然会经历曲折的过程，在这个过程中，会遇到各种困难、挫折，乃至失败。学校思想政治教育可以为人才的创新实践提供精神支持，这是创新教育中不可或缺的一环。学校应始终坚持正确的政治方向，学生应将坚定正确政治方向放在首位，但这并不与学习科学文化相斥，政治觉悟越强，就越是会努力、自觉学习科学文化。没有坚强的政治信仰，没有为人民、社会服务的强烈意愿，是激发不出巨大的创新动力的，也是无法战胜在创新实践中碰到的种种难题的。思想政治教育通过对学生开展爱国主义教育、社会主义教育、形势政策教育等，激发学生的爱国热情和历史责任感，提高学生在面临各种挑战时的信心和勇气，以此来激起他们内在强烈的为国家创新的需求与愿望。

1. 通过思想政治教育，培养学生坚韧不拔的意志品质和不屈不挠的精神

通过思想政治教育，要使学生树立对待成败的正确心态。在面对失败时，不灰心，总结经验和教训；在取得成功时，不得意忘形，坚持到底，用科学的态度处理在创新实践中遇到的种种情况。

2. 通过思想政治教育，培养学生创新的胆识与勇气

思想政治教育需要向受教育者传递当代价值取向，弘扬、倡导当今的价值观念，帮助学生树立善于学习、勇于创新、敢为人先的价值判断，从而使他们积极创新、勇于突破，从而取得创新的成功。

3. 通过思想政治教育，培养学生的高尚人格

只有高尚的人格，才能保障创新实践沿着为人民、社会服务这条正道前行。只有那些有创新才能且具备为人民服务愿望的人，才能造福于社会。当今的创新往往需要不同类型的人才协同合作，实现不同领域内知识的相互交融，并通过相互合作来消除无序竞争，唯有具备了崇高的人格，人们才能更好地同他人一起探究、归纳出客观事物存在的规律，进而建立起正确的世界观、人生观，为创新实践活动提供必不可少的方法保障。

综上，我国创新教育在面临市场经济的发展和知识经济的挑战时，要肩负起培养创新型人才的重任，要充分认识和理解思想政治教育在创新教育中的核心地位和重要作用,把思想政治教育的学科优势充分发挥出来,将其培养学生创新能力方面的作用充分发挥出来,与其他教育形式相结合,真正提升和加强学生的创新能力,完成培养现代化建设所需合格人才的历史使命。

(三)思想政治教育为人才的创新实践提供方法保障

具有对这个世界的正确看法与态度是开展创新活动的先决条件,而思想政治教育是以马克思主义基本知识传授为主的,使学生学会运用全面、一分为二、发展、运动、联系的观点,来分析问题,看待已有的知识和经验,通过现象把握本质,探寻并归纳出事物的内在规律,培养学生的正确世界观和人生观,为创新实践提供必要的方法保证。

第三章

微媒体时代下思想政治教育的主要内容

思想政治教育内容是基于一定社会需要，并结合教育对象的思想实际，经过教育者的筛选和设计，有目的、有计划地将带有价值导向的政治信息传递给受教育者，它是一个由多种要素相互联系、影响，按照特定层次结构，组成的具有提高受教育者思想道德素质功能的系统。在当前形势下，思想政治教育内容的内涵是社会主义核心价值体系。全面把握思想政治教育内容，并针对不同的教育对象实际灵活运用，对于加强和改进思想政治教育、提高思想政治教育的时效性有着重要的意义。

思想政治教育内容取决于思想政治教育的目的和任务，以及受教育者精神世界发展的需要。由于思想政治教育的目的和任务内在具有丰富性特点，受教育者精神世界发展及思想世界具有多样性特点，所以，思想政治教育内容具有广泛性和多面性特征。这些内容依据一定的层次结构相互作用，形成了思想政治教育的内容系统。

对于思想政治教育内容系统的构成要素存在一些不同的看法。笔者认为，思想政治教育内容的划分可以有多个不同的划分标准，但不管怎么划分，对划分为几个方面，并无原则上的分歧，只是在划分方式上有所差异，从而造成了对内容的归纳粗细上的差异。我国思想政治教育的基本目的是增强全体社会成员的思想道德素质，推动人的全面、自由发展。要实现这一目的，就要将世界观教育、政治观教育、人生观教育、法治观教育、道德观教育纳入思想政治教育内容。思想政治教育内容系统就是上述各种相互联系和作用的要素，依据一定的层次组成，能够提高受教育者思想道德素质等功能的有机整体。

思想政治教育内容的确定和实施，应突出其政治性、目的性、先进性。思想政治教育内容要体现出强烈的政治性。思想政治教育内容要符合社会发展的要求，要反映和服务于一定社会发展的目标。我国思想政治教育是一项重要的国家事业，通过培育"四有"新人，服务于中国特色社会主义建设，所以，思想政治教育内容要符合国家的路线、政策和方针，充分将人民的意志融入进去，始终坚持马克思主义指导地位，用中国特色社会主义理论体系来对广大群众进行教育，重视培育社会主义共同理想、大力弘扬民族精神与时代精神、加强社会主义荣辱观教育。

思想政治教育内容要有目的性。思想政治教育的根本目的是提升人的思想道德素质，推动人的全面发展，思想政治教育内容的确立和运用，都要遵循、反映、服务于这个根本目的。思想政治教育的内容由其目的所决定，思想政治教育的内容又是其目的的具体体现，因此，明确目的性是实施、确定其内容的基本要求，即以下四个方面。

第一，要使思想政治教育内容与时代同步，使之永远保持先进性。在确定与实施思想政治教育内容的过程中，既要结合受教育者的思想实际，又要有很强的针对性。同时，还应从受教育者的精神世界发展和社会发展长远需求出发，要有明确的导向性。思想政治教育内容的确定和运用，要立足现实，面向未来，兼顾社会发展对人才的期望和要求，与社会发展的趋势保持一致。

第二，应注重教育内容的适切性与可接受性。思想政治教育对象的思想和行为受到其所处的家庭、社会等外部环境，以及自身认知能力、经验等因素影响而表现出差异性，教育者要基于此，结合受教育者的个性特点、思想实际等，确定和实施思想政治教育内容，保障思想政治教育内容的可接受性。首先，根据受教育者的内在需求，选定合适的"突破口"，并把握好合适的教学时机来实施教学。思想政治教育的首要任务就是要满足受教育者的精神发展需求，推动他们的全面发展，因此，要有一个准确的思想政治教育切入点，要立足于受教育者的思想实际，关注其长远发展需求，推动其健康发展。其次，应根据受教育者当前的个性发展水平，立足于其心理发展水平来确定思想政治教育的内容。当思想政治教育的内容超过了受教育者的心理发展水平时，就会导致受教育者丧失动力和努力基础；相反，若滞后于受教育者的心理发展水平，则无法达到引领其发展的效果，因此，教育内容要符合受教育者的心理发展水平。最后，根据教育对象的思想成熟度，来确定思想政治教育内容的出发点和基调。在"最近发展"目标的基础上要制定比受教育者当前发展水平稍高、受教育者经过自己的努力能够实现的目标要求，从而更好地促进受教育者把教育内容转变成个人的意识，鼓励他们朝着这个目标而奋斗。

第三，要体现思想政治教育内容的时代特征。思想政治教育内容随着社会和教育对象的变化而不断变化发展，有着鲜明的时代性特点。在确立和实施思想政治教育内容时，要紧跟时代的步伐，体现出社会发展实际和人民群众的思想实际，不断增强教育内容的时代性。思想政治教育内容要具有时代感，既要适应时代的发展需要，又要回答时代的新问题，要在教育内容上体现出时代精神；要注重通过具有时代性的思想和精神，去教育、激励受教育者，将新信息、新观念、新思想等传递给受教育者。思想政治教育内容要突出现实性，只有对真实的社会生活进行敏锐而又及时地反映，才能使思想政治教育内容拥有生命力和说服力。因此，根据国内外形势的变化，有针对性地在教育内容中融入全球化、市场化等现实内容，有计划地拓展新的教育内容，以适应时代发展的需要；要坚持贴近实际、贴近生活、贴近教育对象的原则，结合受教育者的学习、生活等现实问题，进行教学，回答他们所关注与关心的问题，并协助他们解决亟须解决的难题。

第四，注意运用系统论的方法对教育内容结构进行持续优化。系统论方法即运用系统的观点来研究、改造客观对象的一种方法，这种方式需要人们站在全局的角度，全面分析系统中要素与要素、要素与系统、系统与环境、此系统与他系统之间的关系，从而把握其内在关联和规律，实现对系统的有效地控制与改造。运用系统论方法，从整体上构建思想政治教育内容，优化思想政治教育内容系统结构，需要遵循整体性原则、协调性原则、层次性原则。

整体性原则就是在确定和实施教育内容的过程中，要保证其各个要素之间的联系与协调，从而使教育内容形成一个具有良好功能的系统。整体性是相对于思想政治教育内容来说的，也就是说内容系统要包含所有内容要素，不能有要素缺失。教育对象的多样性和其思想的复杂性，决定了思想政治教育内容优化需要坚持整体性原则。教育对象的多样性要求思想政治教育内容要广泛适用于所有的教育对象，要是一个多要素协同作用的有机整体。同时，教育对象的思想复杂性，决定了任何一个教育要素都难以涵盖思想的全部，也很难解决复杂的思想问题；要真正解决复杂的思想问题，就要全面提升受教育者的思想道德素质，就要运用多种内容要素，形成"合力"。这就要求思想政治教育内容形态是整体。

思想政治教育内容系统是由各种具体要素构成的，但是，它的功能并非简单的功能加法。这些要素经过适当的排列组合，可以让整个思想政治教育内容系统发挥出比每一个要素自身功能更大的作用，从而创造出一些要素所没有的新的功能。为此，确立和实施思想政治教育内容时，应树立结构思维，从整体出发，全面考察，既要思考哪些要素是符合要求的，又要让教育内容系统的各要素结合都合理，这样才能对教育内容系统结构进行优化，使思想政治教育内容系统的功能得以充分发挥。

所谓协调性原则，就是在对思想政治教育的内容进行确定和实施的过程中，要重视教育内容系统中的各个要素、内容系统与外在环境的关系与作用。思想政治教育内容系统中的各个要素是互相联系和作用的，只有它们之间能够互相促进和协调发展，才能充分发挥各自的功能及其内容系统的功能。比如，思想政治教育过程中，政治观、法治观等具体教育内容并非冲突的，而应相辅相成；在各阶段教学中，要注重内容的合理衔接与有机协调，防止教育内容出现混乱与问题。同时，教育内容是一个开放的系统，通过与周围环境因素的联系和作用，发挥出其特有的功能。所以，在确定和实施教育内容的过程中，要注意将教学内容与各种环境因素紧密结合，这样才能使思想政治教育的内容有效传递给受教育者，充分发挥其作用。

所谓层次性原则，就是构建思想政治教育内容系统时要注意其层次性。在进行教育时，应针对不同受教育者的实际，实施相应的教育内容。思想政治教育内容系统包括了世界观、人生观、道德观教育等，它们各自又由一些具体的要素构成。例如，人生观包括了理想信念教育、生命价值观教育等，这些具体要素还包含了更为细小的要素，如，生命价值观教育包含了对生命的认知教育、生命意义教育、死亡教育等。这种体现内容和其要素关系的结构形式，就是思想政治教育内容系统的层次性。要做到坚持层次性原则，就要把握这种层次性，有重点、有针对性地将不同层次的教育内容实施到不同教育对象上。唯有如此，方能更好地发挥教育内容的整体功能，使思想政治教育更有效地发挥其作用。

第一节 唯物主义世界观

卡尔·马克思、弗里德里希·冯·恩格斯对德国古典哲学家黑格尔辩证法的"合理内核"、费尔巴哈的机械唯物论的"基本内核"进行了批判的吸取，形成了一套基于自然科学、社会科学和思维科学的系统科学逻辑理论思维形式——辩证唯物主义（即现代唯物主义）。

辩证唯物主义是一种形成于19世纪40年代，将唯物主义与辩证法相结合的科学的世界观。这是一种高级的唯物主义形式。辩证唯物主义主张世界的本质是物质的。恩格斯认为，直接的真正统一性在于其物质性。物质为先、意识为次，意识是高度发展的物质——人脑的机能，它是人类大脑对客观物质世界的反映。辩证唯物主义指出，直接物质世界的运动、变化、发展都是有其内在固定规律的，"事物都是一分为二的"。这表明，事物内部的矛盾性是事物发展的根源。事物矛盾双方是对立统一的，推动着事物从低级向高级发展。所以，事物对立统一的规律是物质世界运动、变化和发展的最根本规律。

各种不同的哲学流派互相争斗、互相推诿。全部哲学，尤其是近代哲学争论，都围绕着思维与存在的关系问题展开。思维与存在的关系问题分两个方面：一方面，思维和存在哪个是第一性，主张存在是思维的反映，思维是第一性的是唯心论学派；反之则是唯物论学派。另一方面，思维和存在没有同一性的问题，即思维能否认识现实世界的问题。对此问题的回答有两种：可知论和不可知论，但是大部分的哲学家都给出了肯定的回答。

在对哲学的基本问题理解中，辩证唯物论对唯心论和唯物论抽象、僵化的认识观点和方法进行了批判，以辩证的理论思维方式发展了唯物论。辩证唯物论能对哲学基本问题进行科学的解答，并为人们解决疑难问题提供了科学的方法。

一、辩证唯物主义

马克思和恩格斯针对自然界、人类社会、思维发展的一般规律科学，创立了辩证唯物主义。它与唯心主义和形而上学相对立，又区别于所有的旧唯物主义，是唯物主义与辩证法的有机结合。

辩证唯物主义的基本观点：物质是第一性的，意识是第二性的，世界的统一性在于其物质性，意识是物质世界长期发展的产物，是物质世界的主观映象；万物具有普遍的关联，所谓关联，就是事物内部各要素之间和事物之间的相互作用和影响的关系；事物总是在不断地发展，发展本质上是新事物的产生和旧事物的灭亡；事物运动的两种最基本状态是量变和质变，任何事物的发展变化都是从量变到质变、从质变到量变的互变过程，开展辩证唯物主义教育，目的在于使受教育者认识和把握辩证唯物主义的根本观点，并将其应用于认识、分析和解决问题。既要遵守客观的规律，也要充分按客观规律办事，做到尊重客观规律和发挥主观能动性相结合；用全面、发展的观点来看待世界，要从各种复杂的社会现象中把握其实质；注意量变与质变的联系，注重知识的累积，关注细微的改变，根据事物发展进程，及时推动事物从量变到质变的转化；

运用科学分析的态度和方法，坚持肯定与否定相结合，来考察事物。

在当今这个纷繁的社会背景下，开展辩证唯物主义教育，可以使人们牢固地把握辩证唯物主义的根本观点，从而使人们学会运用正确的观点和科学的方法，通过复杂的社会现象，看到我国社会发展态势，增强建设中国特色社会主义的信心；有利于人们更好地认识当前社会主义市场经济建设、全面深化改革过程中出现的各种问题；明确在解决这些问题、推动中国特色社会主义事业进程中，自身的历史责任，使人们能积极投身于社会主义现代化建设。

二、历史唯物主义

历史唯物主义是研究人类社会发展一般规律的科学。自然界的运动发展有自身的规律，人类社会的发展和人的活动也是如此。马克思、恩格斯基于社会存在与社会意识之间的辩证关系，揭示了生产力与生产关系、经济基础与上层建筑之间的矛盾运动等一系列规律，为人们更好地认识人类社会的历史与发展方向，以及正确认识资本主义与社会主义社会发展的规律，提供了科学的理论指导。

历史唯物主义主张：社会存在与社会意识是辩证统一的，社会存在决定社会意识，社会意识是社会存在的反映，并反作用于社会存在；生产力与生产关系，经济基础与上层建筑之间的矛盾，是推动人类社会进步的内在动力；在阶级社会中，阶级矛盾和阶级斗争是社会基本矛盾的体现，阶级斗争是促进阶级社会发展的直接动力。

开展历史唯物主义的教育，目的在于使受教育者能够正确地把握和理解历史唯物主义的基本观点，并且能够应用这些观点来对社会历史现象进行分析，从而创造社会生活。要用历史唯物主义来教育人们，社会规律或历史必然性是无法抗拒的；让人们理解和把握生产力与生产关系之间的矛盾运动规律，始终把解放生产力和发展生产力作为制定路线、方针、政策的起点和终点，始终将经济建设作为重中之重，积极投入到改革开放和现代化建设当中去；使人们理解和把握经济基础与上层建筑的矛盾运动规律，并在坚持改革和完善社会主义经济基础的过程中，不断对社会主义上层建筑进行完善；要让人们意识到，以马克思主义为核心的社会主义意识形态，是推动社会主义发展的强大精神力量，所以，在建设物质文明时，也要大力推动社会主义精神文明建设，使人们树立共同理想，积极地投入到现代化建设中去。

第二节　人生价值观教育

一、人生价值观

人生价值观，就是人们在认识和评价人生活动价值性质时，基于不同人的世界观，所持有的不同人生观点的方法论。其主要内容包括人生观和价值观。世界观对人生观和价值观起着主导作用；人生观、价值观又会对世界观产生制约和影响。

人生观，是人们对于人生问题的基本观点。其核心内容是对人生目的与意义的理解，以及人生态度，其中包含了公私观、苦乐观、幸福观，等等。人生观是一个人在长期的人生实践和生活环境中逐渐发展起来的。因为每个人的社会实践、文化素养等都有差异，所以人生观也不尽相同。正确的人生观能指引人走正道、用自己的双手去创造幸福。

价值观是指人们关于价值问题的基本观点，它包含着价值的本质、构成和标准等方面的理解，这种理解的差异导致了人们的价值观存在差异。人们在自己的价值观指导下，产生了不同的价值取向，追逐各自认为最有价值的东西。价值的内涵十分丰富，通常可以划分为物质价值与精神价值，以及复杂的价值，如人生价值。确立正确的价值观，以及科学、合理的价值取向，对于个人的发展具有重要作用。

可以看出，人生观和价值观这两个概念是相互区别而紧密联系的。区别表现在二者的内涵和范围有差异，人生观面向的是社会人生的范畴，而价值观更进一步，指向个体发展过程中的价值取向。二者之间的密切联系在于：世界观支配和指导人生观、价值观；人生观、价值观制约和影响世界观。

人生价值观是人生的自我价值，也就是个体的人生活动对于自身生存与发展的价值，它是人们基于价值对人生问题进行思考的基础，是一种特殊的价值。一个人对人生价值的认识，是其人生观体系的重要部分，深刻影响、约束和引导人的实践活动，指导着人生目的和人生态度选择。人生自我价值主要体现在对自身物质和精神需要的满足程度。人生的社会价值就是个体的人生活动对社会和他人的价值。人生的社会价值主要看个体对社会和他人的贡献。

自我价值和社会价值是不同的，但它们又紧密联系在一起，相互依赖，形成了人生价值的矛盾统一体。个体不单纯是社会和他人的手段，也不是一种纯粹的目的，它是人们认识人生自我价值和社会价值的辩证依据。一方面，人生的自我价值对个体生存和发展具有重要意义。个人不断提升自我价值的过程，就是通过努力实现全面发展的过程。人生自我价值的实现是个体为社会创造更大价值的先决条件。另一方面，人生的社会价值是实现人生的自我价值的根本，离开了社会价值，自我价值便无法存在，个人是不可能脱离社会发展的。个体的人生活动既包括了满足自我需要的价值属性，也包括满足社会需要的价值属性。个人的物质和精神需要都要通过社会来实现。个人的需求能否在社会中得到满足，主要取决于其社会价值。

人生价值就是个体对自己、他人、社会的作用。包括了个体对社会的贡献、社会对个体的尊重等。人生价值观就是对人生价值的总的表述和基本观点，是人生观的核心，对人们的实践活动有着深刻的影响。强化人生价值观教育能帮助受教育者正确处理个人与社会的关系、实现人生价值。

二、人生价值观教育

（一）引导受教育者确立正确的人生价值目标

人生价值目标就是在根本方向和原则上，指明人生应追求什么和如何去做的根本取向，这与人生中的所有的实践活动有着直接或间接的关系，为人生价值的实现提供了明确的目标，也是人生实践中重要的指南。在进行人生价值观教育时，要注重对受教育者正确地引导，帮助其选择和树立正确的人生价值目标，要使其明白，个人的价值目标是由社会主导的价值观所决定的，因此，个人的价值目标要与社会主导的价值目标相一致，要引导受教育者根据自己的现实状况来确立自己的价值目标。

（二）引导受教育者正确地进行人生价值评价

人生价值评价是根据一定的价值标准，在个人心理活动、群体意识倾向、社会舆论基础上，衡量、分析、判断自身或他人的价值观和社会行为的过程。要评价人生价值，首先要正确把握人生价值的评价标准。人生价值评价的基本标准主要看个体实践活动与社会发展的客观规律是否相符，能否在实践中推动历史进步。衡量人生价值的根本标准，是劳动以及通过劳动对社会和他人做出的贡献，这也是社会评价个体人生价值的普遍标准。在此基础上，应把握正确的人生价值评价方法。要坚持物质贡献与精神贡献相统一；坚持动机和效果相统一。

（三）引导受教育者努力实现人生价值

1. 要帮助受教育者认识到，实现人生价值要从客观条件出发

人生价值通过劳动创造活动才能实现，人的创造力形成、发展、发挥都需要在客观条件下进行，只有立足于社会客观条件，在实践中充分发挥自己的主观能动性，方能更好地实现人生价值。

2. 要引导受教育者不断提高自身的素质和能力

一个人的人生价值实现程度，取决于他的素质和能力。因此，要想实现人生价值，就要不断提高自身素质，加深认识和解决问题的能力。

3. 引导受教育者发扬艰苦奋斗精神

要坚决抵制拜金主义、个人主义等腐朽思想，反对贪图安逸、不思进取、把个人利益放在第一位的思想，要做到积极进取、勤勉敬业、无私奉献。要引导受教育者通过实践创造人生价值。在当今，要引导受教育者积

极投身于推动社会主义现代化、实现中华民族伟大复兴的实践中来，并在实践中实现自己的人生价值。

第三节　爱国政治观教育

政治观是指政治行为主体对社会政治关系、政治运行和发展所持的基本看法与态度。高校学生是国家建设的中坚力量，他们是否能够建立起科学的政治观，对我国政治文明建设的进程与质量起着至关重要的作用。其政治观关系到他们的政治命运和前途，也影响着他们的人生观和道德观。大学生的政治观影响着社会主义政治文明建设的进程和社会政治稳定，也影响着整个社会主义事业的持续发展。大学生能够树立正确的政治观，直接关系到其个体的健康成长与我国社会主义建设事业的进一步发展。

当前是我国经济高速发展的时期，世界格局的变化以及我国社会内部的重大转型对人们的社会思想观念产生了深刻的影响。当代大学生正处在政治观形成和确立的重要阶段，而新的社会变化形势必然会对他们产生影响。

在当今世界，随着经济全球化的不断深入，大学生生活在一个更加自由、开放的环境中，其政治思想更加活跃。当代大学生有着积极的政治态度，他们对国家社会主义事业发展有了很大的自信心，对建设有中国特色的社会主义理论、社会主义市场经济表现出高度赞同。同时，他们还具备较强的爱国主义精神和集体观念。当代大学生的政治意识趋于成熟，对国际局势、社会问题，能够运用辩证的、理性的视角进行评价。

但当代大学生的爱国政治观也有可以完善的空间，比如，大部分的学生都很关心廉政建设，但在长期性与复杂性上的认识还有待提高；很多大学生的政治素质有待强化，对政治的了解度和关注度也需要提高。这些政治观上的倾向是不容忽视的。因此，开展爱国政治教育十分有必要。

一、基本国情教育

（一）帮助受教育者深入理解社会主义初级阶段的科学含义

社会主义初级阶段有两个方面的含义：我国社会已经是社会主义社会；我国社会主义社会处于初级阶段。"我国社会已经是社会主义社会"阐明了初级阶段的社会性质；"我国社会主义社会处于初级阶段"阐明了我国社会主义的发展程度。这两层含义相互区别又相互联系，共同组成了一个有着一定内涵的新概念。我国社会主义初级阶段，特指我国生产力发展水平有待提高、商品经济欠发达条件下，进行社会主义建设必经的特定历史阶段。不能脱离社会主义，要以初级阶段的现实状况为出发点，不能越过这个阶段。

（二）帮助受教育者认识社会主义初级阶段的基本特征

在新世纪、新阶段，我国发展呈现出新的阶段性特征，这也是在新阶段社会主义初级阶段基本国情的具体体现。开展基本国情教育，是为了使受教育者认识到，社会主义初级阶段是一个漫长的历史发展阶段，需要经过若干具体的发展阶段，每个阶段都有各自的阶段性特点。正确认识和把握国家发展阶段的特点，是认清我国基本国情的基础。

（三）帮助受教育者认清我国社会主义初级阶段的长期性

从1956年基本完成生产资料私有制的社会主义改造，到21世纪中期，基本实现社会主义现代化，社会主义初级阶段至少需要一百年时间。巩固和发展社会主义制度，要经历漫长的历史阶段，这需要经过几代人甚至几十代人的不懈努力，切不可等闲视之。对社会主义初级阶段的长期性认识，可以帮助人们克服自己的急躁情绪、错误的观念等，增强从现实出发思考问题和做事情的觉悟，坚定社会主义初级阶段的路线、方针，认真完成初级阶段的各项任务，不断促进中国特色社会主义建设。

(四)帮助受教育者认识和把握社会主义初级阶段的主要矛盾

在我国社会主义初级阶段,主要矛盾是人民日益增长的物质文化需要和落后的社会生产之间的矛盾。这一矛盾贯穿于社会主义初级阶段的整个过程、社会生活各个方面,决定了我国要始终将解放和发展生产力作为第一要务,始终以发展为本,以经济建设为核心,全面促进经济建设、政治建设、文化建设、社会建设和生态建设。

二、民族精神教育

民族精神是指一个民族经过长期的共同生活与社会实践,形成的被多数人认可与接纳的民族意识、民族品格的总和,民族文化中固有的、延绵不断的一种历史文化传统。经过长期的发展,中华民族形成了以爱国主义为核心的伟大民族精神,这是中华民族发展壮大的强大精神支柱,也是我国各民族一代代自强不息、团结奋斗的牢固精神纽带,是继续开辟新征程、开创新未来的不竭精神动力。

在全球范围内,各种各样的思想文化发生着激烈的碰撞,因此,要将弘扬和培育民族精神,列为一项非常重要的文化建设任务,纳入国民教育全过程,纳入精神文明建设全过程。让全体人民永远保持高昂的精神状态。民族精神教育是思想政治教育中的重要内容。强化民族精神教育,可以提高综合国力和国际竞争力,能更好地推动中国特色社会主义事业建设,推动人的全面发展。以爱国主义教育为主要内容的民族精神教育,应立足于培养人们对中华民族共同历史文化的归属感,培养人们对自己祖国悠久历史和优秀传统的认同感,使人们养成良好的道德品质和行为习惯,弘扬中华民族精神的时代内涵。目前及未来一段时间,要将国家意识、文化认同、公民人格教育纳入民族精神教育中,作为教育内容的重点。

在进行民族精神教育时,要特别注意以下几点:一方面,要把中华民族优良传统教育和时代精神教育进行融合。将弘扬民族优秀文化传统同培育时代精神有机统一起来,不仅要弘扬中华民族优良人文传统和革命传统，还要吸取人类进步的各种文明成果，要用发展的眼光进行民族精神教育。另一方面，要重视社会实践在民族精神教育中的作用，并使之发挥应有的作用。科学规划社会实践内容，拓展社会实践新领域、新形势，让受教育者通过自己的所见所闻和亲身经历，感受民族精神的强大力量，从而激发他们对祖国和民族的感情，增强他们的民族意识和民族责任感。

要抓住民族精神教育这个机会，把握好能够振奋民族精神的重要活动和事件，适时进行民族精神教育；要大力发掘、宣传具有典型民族精神的先进人物或事件，积极创造浓厚的民族精神教育氛围，形成强大的舆论导向。将学校教育和家庭教育、社会教育结合起来，一方面要充分利用学校教育作为弘扬和培养民族精神的主渠道和主阵地作用，另一方面要加强家庭教育、社会教育和学校教育的协同配合，让它们之间互相强化，最终形成民族精神教育的合力。

三、时代精神教育

时代精神是社会在最新的创造性实践中产生的，能体现出社会发展的方向，并引领时代进步，被社会成员普遍认同、接受的思想观念、道德规范、价值取向、行为方式。综合体现了社会的最新精神气质、精神风貌、社会风尚。以改革创新为核心的与时俱进、求真务实的时代精神，是在改革开放和社会主义现代化建设的伟大实践中形成的。以改革创新为核心的时代精神，是马克思主义的与时俱进理论、中华民族的进取思想、改革开放和社会主义现代化建设实践有机统一的结晶，这已经成为我国各族人民不断开创中国特色社会主义事业新局面的强大精神力量。实现中华民族伟大复兴的中国梦，就需要大力弘扬以改革创新为核心的时代精神，激发全体人民的奋斗热情，充分激发全民族的创造精神和创造活力。要实现这一目标，就需要加强时代精神教育。

时代精神的内核是改革创新。改革创新精神主要体现在勇于创造的思想观念上，体现在追求进步的责任感和使命感上，体现在锐意进取的精神状态上。要弘扬和培养改革创新精神，一方面要坚持解放思想、与时俱进，克服不思进取的思想，应居安思危；克服因循守旧的思想，勇于创新。另一方面，应紧紧围绕改革开放的具体实践。在深化改革实践中，弘扬时代精神，努力回答时代对改革提出的新课题，将重点放在解决体制转轨中存在的深层次矛盾和问题上，促进各项事业的持续发展。切实反映在加速发展的实践中，充分把握发展规律，创新发展理念，转变发展方式，解决发展中的难题，实现更好、更快的发展；具体表现在推进创新的实践上，敢于开拓，激发整个社会的创造活力，涌现出大量创新人才，创造出大量创新成果。

第四节　民主法治观教育

一、大学生法治观

（一）法治观

虽然我国很早就有了法治的概念，但它与当今的法治观念是有区别的。所谓的法治，就是以法治国。具体来说，法治以民主政治为先决条件和目标，严格按照法律办事是其理性原则，主要体现为良好的法律秩序，而且具有内在价值规定的法律精神的一种治国方略。法治观是人们对于法律的性质、地位、价值功能等问题所持的见解和观点，也就是人们对法治理念的理解、运用法律知识、践行法律思维、评判法律作用和价值的观念。

（二）大学生的法治观

大学生的法治观就是作为特殊群体的大学生，他们对法律的性质、地位和作用的理解与评价。对于大学生来说，他们接触到最多的是书本知识，其社交圈并不复杂。在家庭和学校的保护之下，他们看待社会问题相对单纯,其法制意识有大幅提升的空间。

作为青年群体中的重要组成部分,大学生在许多方面还没有完全成熟,他们有着较为丰富的感情、更容易冲动行事,思想意识还有待成熟,容易受到外界社会的多种因素影响。考虑和处理问题时容易出现"感情用事"的情况。在当今飞速发展的信息社会中,大学生掌握着高水平的文化知识,以及网络专业知识或其他知识,在各种因素的影响下,他们有可能会走上违法犯罪的道路。

尽管大学生的法治观念较从前有所增强,但仍有一部分学生的法制观念需要进一步强化。举个例子,跟同学起了冲突,挨了对方一顿拳打脚踢后,有些学生能理性应对,报告给学校或报警,但也有一些学生会选择忍气吞声,或者大打出手。即在正当权益受到不法侵害的时候,宁愿采取放任态度,或者采用报复手段,也不愿相信法律的公信力,其合法维权意识还有待加强。

大多数高校学生获得法律知识的途径,都是通过大学中《思想道德修养与法律基础》这门公共课获取的①。但是,大多数大学生,特别是非法学类专业的大学生,对于这门公共课的重视度与关注度并不高,在此情况下,大学生获取法律信息知识的程度可想而知。在信息技术的快速发展下,网络已经逐步变成一个新的学习渠道,可以作为大学生了解法律和学习法律的一种途径,但主动浏览相关法律网站、积极收看这一类电视节目的大学生并不多。

尽管建设法治社会已经成为大学生的共识,但在实际生活中,能真正主动践行的却不多。其具体体现为:利用课余时间自觉学习法律相关知识的学生不多;一些学生将违法犯罪的主要原因归为冲动、缺乏理性,容易忽略自身"法制观念不强"这一根本内在原因。所以,在大学生自身的权益甚至是人身遭受侵害的时候,大多数的大学生都会根据具体情况,综合多种因素,来决定是否使用法律武器来进行自我保护。

---

① 许建宝."微时代"背景下的高校思想政治教育[M].长春:东北师范大学出版社,2017:85.

二、加强大学生法治观教育的路径对策

（一）开展社会主义民主教育

1. 帮助教育对象理解和把握社会主义民主的本质和内涵

通过开展社会主义民主教育，要让受教育者明白，人民民主是社会主义的根本，是社会主义民主政治的本质与核心；要使受教育者明白，社会主义民主和资本主义民主有着本质的不同，后者是基于生产资料私有制上的统治阶级内部的民主，前者是基于生产资料公有制的、为广大劳动人民所享有的民主；要使受教育者明确，建设高度健全的社会主义民主制度，是我国社会主义现代化建设的重要目标，也是有限长期任务，要实现这一目标需要经历一个漫长的过程。只有对社会主义民主的本质和内涵有全面而深入的了解，才能更好地发扬社会主义民主。

2. 注重公民民主意识的培养

民主意识是指享有民主权利的人，在一定政治知识和经验的基础上，对自己以及所处的政治系统和其运作，产生的一种具有政治责任感、使命感和义务感的主体自觉意识[1]。民主认知的发展水平直接决定了人们参与民主生活、行使民主权利的水平。因此，应该通过各种途径来增强人们的民主意识，为实现社会主义的民主目标提供必要的条件，社会主义民主教育还需要强化公民政治参与能力。政治参与是在民主社会里，人们根据共同的利益，通过合法方式和途径，参与到社会政治生活中，影响政府政治决策以及其他一切公共政治生活的政治行为[2]。

（二）开展社会主义法治教育

1. 向公民普及法律知识

普及法律知识是增强公民法治素养的前提条件，是培养公民法制意

---

[1] 李萍. 新时代思想政治教育学科人才培养高质量发展研究［D］. 长春：吉林大学，2023.
[2] 祁靖. 新时代思想政治教育文化价值研究［D］. 济南：山东师范大学，2023.

识、指导公民法律实践的基础。要强化法律常识教育，使人们理解马克思主义法学的基本观点，了解我国的法律制度和法律体系，掌握宪法和法律的基本精神和内容，特别是与人民群众的生活息息相关的法律规范基本内容。它是社会主义法治教育的一项基本工作，需要坚持抓好这项工作的实施。

2. 培养公民的法治观念

法治观念即人们基于理性认识，针对法律现象形成的自觉遵循的思想观念。要培育人们的社会主义法制观念、法律面前人人平等的观念，首先，需要引导公民树立社会主义法制观念，在马克思主义的指引下，准确把握社会主义民主的本质与特点，确立与时代精神相适应的社会主义法治观念；其次，要引导人们正确认识权利与法律义务之间的关系，以及怎样适当行使自己的权利；最后，要引导人们树立宪法至上和法律面前人人平等的观念。要让受教育者明白，公民在法律面前一律平等，所有公民都平等地享有和行使权利，一切活动均要以法律为限，都需要符合宪法和其他法律的规定。要帮助受教育者明确法治观念，这是法治教育的基本任务和核心。

3. 提高公民的法律能力

作为公民，既要有基本的法律知识和法治观念，又要有相应的法律能力。法律能力主要包括法律思维能力、法律运用能力。前者是指理解和把握法律原理、推理与论证法律命题的能力；后者是利用法律知识、法律规范，指导个人行为、解决具体法律问题的能力。在法制教育中，应采取各种方式加强公民的法律能力，从而使法律能更好地为人们的工作和生活服务。

4. 促使公民养成法律习惯

使人们养成法律习惯，应重点培养其法律思维习惯、法律行为习惯。前者是指人们根据法律规定，针对法律问题进行思考、分析和解决的思维方式；后者是人们在实践中形成的按照法律法规办事的行为习惯。促使人们形成法律习惯，自觉遵守法律法规，这是法制教育的归宿，也是将法律变为现实力量的重要体现。重点培养受教育者讲法律、讲程序的思维方式和依法办事的行为习惯,使法律落实到人们的生活中。

第五节 和谐社会观教育

一、人的全面发展首先取决于人与自身的和谐关系

人自身的和谐即克己爱物,合理限制自己的欲望,以自己有限的人生,来寻求无限的精神享受;人的全面发展也依赖于人际和谐关系,人际和谐是人与自身和谐的外化,只有在生产资料共有的社会里才能实现;人的全面发展还依赖于人与社会的和谐关系,个人对自由的向往,要求权益自主,社会需要秩序,要求权力规范。这两种需求是否能够和谐,是当代社会需要解决的首要问题。人与自然之间的相互关系,直接影响了人与自身、人与人、人与社会组成的人类社会。众多的实践证明,人与自然之间的关系,常常也会对人与人、人与社会的关系产生影响。若生态环境遭到严重破坏,人们生活环境将会不断恶化,若资源和能源供应紧张,经济发展与资源能源的冲突将加剧,则人与社会、人与人的和谐就很难实现。和谐社会本质上就是这几大和谐关系的统一、人的全面发展。

二、社会主义和谐社会理论体系

社会主义和谐社会理论体系科学归纳了中国传统文化、西方文明、社会主义实践三大和谐源流[①]。在中国传统文化视野下。建设社会主义和谐社会就是将马克思主义同中国的传统文化有机地融合在一起,是对中国优秀历史文化的传承与重新理解,这种以民族传统文化为基础,构建的社会主义和谐社会,必然能够为全民族所广泛认同,从而使整个社会更加团结。

---

① 杨盼悦. 思想政治教育凝聚价值共识研究 [D]. 长春:吉林大学,2023.

从西方文明的角度来看，可持续发展是西方传统工业文明在经历了漫长的艰辛历程之后，总结出来的基本结论。与以科学发展观统领经济社会发展全局的思想有着内在逻辑联系。与此同时，社会主义和谐社会以人为本的价值原则，不存在西方资本主义的金钱本位本质；构建社会主义和谐社会，加速建设资源节约型、环境友好型社会，又要推动人与自然的和谐发展，与西方以人类中心主义为导向的现象存在很大的差异，是对西方资本主义价值观的一种理性吸收与超越。社会主义和谐社会是对马克思主义"斗争哲学"的重新认识和历史性超越。

三、社会和谐是中国特色社会主义的本质属性

建设社会主义和谐社会，是建设社会主义现代化国家内在要求的具体体现；社会主义和谐社会是全体人民共建、共享的和谐社会，是全国各族民众的共同追求。若说世界社会主义运动是试图超越西方工业文明，则构建社会主义和谐社会就是对现在所有的社会主义运动的借鉴与超越，是对马克思主义的进一步丰富和发展，是当代中国的马克思主义，能造福于全人类。

四、高校在对大学生进行和谐社会观教育中起着主要的作用

社会主义和谐社会是民主法治、信友爱、安定有序的社会，是强国之路，是民族的复兴大业。构建社会主义和谐社会需要依靠全社会的力量。纵观中国发展史，任何一次发展，都有高校的大力参与和推动。改革开放以来，我国高校的规模和数量都在不断扩大与发展。高校承担着培养社会主义建设者的重任，为建设社会主义和谐社会肩负着重要的政治责任、社会责任和自身责任，不仅要传播知识，更要传播先进思想。因此，高校需以和谐社会观为核心对大学生开展教育，把握校园内和谐社会发展规律和发展趋势，有所作为，在引领校园和谐社会观的过程中，肩负起代表先进

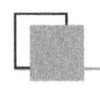

思想的历史责任；积极把握、正确认识现代科学技术发展在建设和谐校园中的作用。充满信心地应对可能出现的挑战；大力提倡、推进校园和谐社会观创新和多元文化的竞争，在创新中彰显先进文化的活力，在竞争中突出先进文化的主导地位。

五、开展大学生和谐社会观教育，首先要加强自身建设

加强自身建设，就是要强化爱国主义精神，用自身的先进文化、人物事迹作为典范，去教育、影响师生的思想、行为和价值取向，形成充满活力、工作积极、富有创造性的校园。和谐社会观教育应以培育社会主义建设者和接班人为核心，将爱国教育渗透于人生教育当中，以马克思主义的立场、观点和方法为导向，用爱国主义和社会主义的道德观念、价值标准、人格意识进行引导，使学生和教师能够掌握正确的立场、观点、方法。获得一定的理论、知识和技能，养成良好的道德品质和行为习惯。

高校本身的建设，归根到底是要彰显其思想性、凝聚性和导向性，在对大学生实施和谐社会观教育的过程中，教师的道德水平是影响人才培养质量的决定性因素之一。师德作为教师最重要的素质，是衡量教育水平的一个重要指标，师德建设是教育改革发展的内在需求。作为与学生相处时间最多的群体，教师与学生之间的思想沟通和纤维交流，在潜移默化中会对学生的和谐社会观教育产生一定的影响。教师应将教书育人作为崇高的职责，做学生的良师益友，真正关心学生。唯有如此，才能真正构建民主、和谐的师生关系，才能真正达到和谐社会观教育的目的。

大学时期是大学生由学生走向社会的一个过渡期，此时期的教育对其未来的发展具有特别的意义，影响着其对社会、人生的态度。大学生牢固树立和谐社会观，就是追求真理、提升自我；就是铭记历史、展望未来，为实现社会主义和谐社会而努力工作和学习；就是接受来自社会的爱，然后将爱传播到社会。这就需要大学生在大学阶段树立起牢固的和谐社会观。

首先，要深刻理解建设社会主义和谐社会的重大意义，坚定担负起自

己的历史使命，从全局出发，考虑国家利益。了解历史，感受当今社会主义美好生活。在走入社会以后，可以自觉传播思想和知识，用自己的行动去感染和影响身边的人群。

其次，要具备构建社会主义和谐社会所需的本领，做到知识丰富、观念新、兴趣浓厚、爱好广泛，能够将自己的特产和技能应用于实践中，以造福于社会。

再次，要充分理解竞争和共生的关系，并学习欣赏他人。合理地竞争，有利于社会的发展，能激发人的工作积极性，创造出更多的财富，造福于整个社会。认清安全、金钱、富有的深层含义。

最后，明确领导者要能够奉献和牺牲，唯有将自己的全部投入到工作之中，为他人利益牺牲自己的利益，才能算一个合格的领导者。

高校要以此为己任，激发自己的能力和活力，切实加强对大学生的和谐社会观教育，要将大学生培养为优秀的社会主义和谐社会的建设者，服务于社会主义和谐社会建设。

第四章

微媒体时代思想政治教育教学中的媒体素养

在传统媒体时代，人们就意识到，要获得和解读各类媒介信息，需要有相应的条件和能力，也就是要有一定的传媒素养。传统媒体素养主要包括听、说、读、写，批判性的观看和收听、解读各类信息的能力等。微媒体的发展对现代人的媒介素养提出了更高的要求，媒介素养是现代优质公民应当具备的一项基本能力，也是高校实施思想政治教育教学不可忽略的一个重要因素。

媒介素养的内涵除了包括传统媒体素养的基本内容外，还包括两个方面的内容。一方面，关于微媒介使用的有关知识和技能，是指掌握各类微媒介的特点运用方法，能够高效地运用这些微媒介获取信息、制作信息的能力。在微媒体时代，受众要有效地接收信息，就要了解各种媒介的特点和规则。

另一方面，微媒体环境下信息的获取、评价和使用的能力，即受众对媒体及其产品和信息进行评估和选择的能力。美国的媒介素养研究中心提出，媒介素养是人在不同的媒体环境下，具有选择、理解、质疑、评估、创造、生产、思辨的能力[1]。要做到这一点，就要求受众对媒体本身的运作方式、语言特征、组织结构等有一定的了解，同时还要能思辨和解读媒

---

[1] 张煜. 微媒体视角下的大学生思想政治教育优化研究 [D]. 长春：吉林农业大学，2023.

体产品、媒体信息，看到其蕴含的意识形态价值取向。

以上就是媒介素养的主要部分。当前，高校思想政治理论课教育教学正面临着提升教育者、大学生媒介素养的难题，这已经成为的教育界关注的一个新的课题。

第一节 微媒体时代思政教育工作者媒介素养的构成

一、思想政治教育工作者媒介素养的基本构成

（一）不断发展的现代教育观念

1. 人才观的更新

思想政治教育是以"人"的培养为中心，"育人"是其首要使命，因而要求教育工作者树立新的人才观念。在微媒体环境中，除了传统人才观念的内涵，更应重视对学生个体精神的开放性、自主学习能力以及自律的个性品德培养。

身处微媒体环境的现代人，能够在任何时间、任何地点，了解或围观世界上已经发生或正在发展的事情，也能随意享用信息平台中的丰富资源，这就要求使用者能够理性包容。并且，伴随着我国从经济强国转向文化强国，从文化自省自觉转向文化自信自强，都要求当代青年开放包容。

微媒体环境已经在某种意义上达到了信息资源面前人人平等，畅游在巨量的信息大海中，具备出色的信息能力和网络生存能力将成为新时代人才不可或缺的素养之一。因此，在新的人才观下，应注重培养学生的自学和的自我建构能力，明确自己的需要，学习如何使用媒介来满足自己的需要。

微媒体环境的虚拟性和交互性，使得受众的"三观"必然会受到多元文化、多维价值的冲击，但同时，受众也能借助信息的传播，扩散自己的认知主张，影响他人。因此，在现代人才培养中，特别要注意品德的培

育，加强个体的自律意识，使之能明辨是非、自觉维护好微媒体生态环境的良好运行。

教育工作者要在微媒体环境中，立足于新的人才观，不断探索思想政治理论教育中的新问题、新现象，寻找其新规律和新方法，从而转变教与学的观念。

2. 教与学的观念转变

教学的本质是教与学的双边活动。教学是交流的过程，是探究的过程，是师生合作、互动的过程，通过教学达到师生共进、共识、共享，不再是单向的教学过程。微媒体环境下，教育工作者要充分发挥微媒体技术的优势，借助图片或视频等，提升课堂的效率，同时借助现代信息传播快速和交流便捷的特性，充分激发学生获取信息的积极性、自主性，提升思想政治理论课的吸引力和感染力。

现代学习观注重学生"怎样学"，主张学习不能仅仅是被动地接受信息刺激，而是主体的积极建构。与专业课程教育相比，思想政治教育以"育人"为首要使命，以提升学生的思想政治素养为目标，其教育成效最终应体现在思想层面上，这就要求受教育者具有主观能动性。微媒体环境也非常重视个人的信息选择与利用自由、自主。面对转变学习观的任务要求和现实可能性，教育者要对学生进行教育全过程的引导，培养他们形成独立的批判思维、较强的辨别能力和处理道德问题的能力，从而实现自主学习和自我教育。

同时，教师也要树立大课堂观念。微媒体的出现，打破了传统思想政治教育的局限性，拓宽了思想政治教育空间。作为一名教育工作者，应认识到网络技术在教育教学中的积极作用，利用网络等现代化的教育技术，把课堂内外有机地结合起来，将教师引导和学生参与结合起来。通过这种方式，教师和学生就能够不受时空限制，将课堂中没有讲透的观点进行深入的探讨和交流，延伸思想政治教育课堂教学。

3. 师生观的重新认识

社会主义市场经济在促进社会变革的同时，也在不断进行着观念的革新，培养人们的自我意识和独立人格，追求平等意识；而微媒体技术的发展，为人们平等交流、占有享用信息，提供了条件。因此，在微媒介教育中，教师和学生之间的关系必然会发生变化，构建新的师生观也就成了教育界的共识①。

在一定程度上，微媒体环境能缓解教师传播知识的任务压力，把更多的精力投入到以人为中心的育人活动中去。随着信息技术的发展，教师有机会创造性地使用教材，从知识的权威转变为学生学习的指导者与合作者。就学生来说，现代信息的生产和传递机制，使得其能够自由、自主地选择和使用信息，一旦学生能够自主选择、积极参与到教学活动当中，那么，他们就能从受教育者转变为具有主观能动性、个体差异性的学生主体。

高校思想政治教育工作要适应时代发展的需要，树立新的师生观，提倡教师和学生的民主平等、互相学习。在教学过程中，教师要重视每个学生的个体差异，并根据他们的需求来制定相应的教学策略。运用网友的身份，与学生平等交流，进行积极正面的引导和全面的沟通，帮助他们解放思想上的难题。因此，教师与学生既是信息的传播者、接收者，又是思想政治教育的教育者与受教育者，双方相互交流各自的思考和经验，形成协同学习、互相促进的模式，构建民主、平等、和谐的师生关系。

但是，与专业课程的学习相比，思想政治理论课又有自己的特殊性。教育工作者是国家路线、政策的宣传员，是大学生健康成长的指导者和引路人，在师生关系和教学过程中，教师的主导地位是不可忽视的。

（二）可持续更新的微媒体技术

微媒体环境对教育工作者提出了新的要求，一些学者认为，要建设一支适应微媒体技术发展、能够驾驭微媒体技术的高质量思想政治教育工作队伍。通常，当前的微媒体技术包括了数字技术、计算机网络技术、移动通信技术三个方面，这三大技术系统相融合形成的技术平台是微媒体环境的基础②。

---

① 祁靖. 新时代思想政治教育文化价值研究 [D]. 济南：山东师范大学，2023.
② 刘心宇. 微媒体背景下高校思想政治教育优化路径研究 [D]. 西安：西安理工大学，2023.

作为微媒体技术的普通使用者，而不是研究者，思想政治教育工作者的知识结构偏向于人文与社会科学学科，并且站在当今思想政治理论教育教学实际情况基础上，笔者认为，思想政治教育工作者应当具备以下微媒体技术。

1. 微媒介的基本知识与操作技术

微媒体的发展对受众的信息接收能力提出了更高的要求，面对形式多元、更新迅速的微媒介，如果不了解其特点和规则，就难以顺利、高效地接收信息。教育工作者应尽可能地掌握各种微媒介，例如，手机、电脑等移动电子设备的特点和使用方法。另外，还有一些在教学中经常用到的设备，例如，幻灯机、扫描仪等，也要了解和熟练使用。

教育工作者要精通上述各类微媒介的相应软件技术。例如，熟练掌握 office 的办公室系列软件技术，可以充分利用 word 的多种功能来解决处理文字的需要，可以通过 excel 对信息进行加工处理，还可以通过 PPT 制作教学、演讲与讨论的课件，了解或熟练使用手机、新生代的移动电子设备及其应用技术，这不但能够在技术层面上满足教学需求，而且还能够缩短和学生之间的距离，更好地和学生进行交流。

作为微媒体三大技术系统中的一种，计算机网络技术是构建新媒体环境的关键因素。现代教育工作者应熟练地运用各种网络媒体，了解各门户网站的内容、特点与功能，能够高效地浏览、获取信息；能熟练运用搜寻引擎解决问题；熟悉并积极运用如微博、微信等社交媒体。

2. 在教育教学中应用微媒体技术的能力

思想政治教育工作者也要掌握运用技术手段，有针对性地解决实际教学问题。在思想政治理论课教育教学工作中，主要采用图文、音频、动画等形式进行信息传播。教师要对有关的信息资源库有所了解，例如，各类数据库、数字图书馆等，能够利用多种媒体工具和现代化的信息检索技术，快速、全面、准确地获得所需的信息。从而可以利用多种方法和技术，有效存储获取的信息，并利用电脑和网络技术对信息进行处理、加工和分析，让信息为自己所用。现代教育工作者除了要有严密的逻辑、出色的表达力，还要有良好的信息制作能力。尽管微媒体技术使得个人的信息

第四章　微媒体时代思想政治教育教学中的媒体素养

生产和传播变得可能，普通的民众参加信息制作与传播已经普遍，但是教育工作者仍然有必要学会实用的制作技巧与传输技术，运用微媒介和新技术，把教育教学内容恰当地传递给学生。

在此要着重指出，思想政治教育工作者要加强运用信息有针对性地解决教学问题的能力。例如，找到最适合软件系统应用于思想政治教学，有的学者建议采用制作积件式课件的方式，通过计算机辅助，构建积件与积件库组成的、可供教师和学生开展思想政治教学的软环境；从教学实际出发，运用现代信息采集、存储和处理技术，构建适合于一线教学的多媒体教学资源库；探讨最恰当的信息传播方式，一些学者指出，在各种技术手段之中，操作简单、便于更新的 PPT 软件是思想政治教育者最常使用的，如果教师要将 Flash、Photoshop 等图像和视频软件工具结合起来使用，那么 PPT 尤其适合思想政治教育多媒体组合平台的制作[①]。同时，也可以利用微媒体技术制作严肃游戏（以教授知识技巧、提供专业训练和模拟为主要内容的游戏），提高教学效果。

3. 微媒体技术的更新能力

微媒体是一种新的技术产品，它的外部形态和传播模式都和技术发展有着紧密的联系，尤其是现在网络媒体、手机及平板电脑等移动电子设备。

就媒介形式而言，一方面，微媒介产品渗透到人们的日常生活中，新的产品不断涌现，让人目不暇接；另一方面最基础的电视、手机等产品也在飞速发展，不断更新。在媒体技术方面，新一代互联网具有速度快、容量大、安全性高、时效性强等特点，能够更好地实现远程教育、虚拟实验室等应用。新一代移动通信技术将弥补视频应用效果不佳、数据传输效果不理想等方面的遗憾，提高其在多媒体信息服务方面的效能。

大学生是社会成员中最活跃的群体，他们思想开放、勇于尝试，天生就对新鲜事物有亲和力与默契感。这就需要教育工作者对微媒体技术有较强的更新意识，并有更新微媒体技术的能力。如果教育工作者对青年人感

---

① 李梁. 积件式课件：现代教学媒体演化过程的思考和启示 [J]. 思想理论教育导刊，2009，(08)：65-69.

兴趣的新产品和新技术有一定的了解，就能充分把握大学生的人生生活状态和思想动向，真正具备与大学生沟通的能力。使思想政治教育有的放矢。在思想政治教育中，若能适时运用新技术，符合青年人的风格和习惯，就会使课程的感染力和吸引力更大。

（三）全面的微媒体信息利用能力

1. 分析评价媒体信息的能力

信息获取是信息分析的先决条件。如果教育工作者已经掌握了微媒体技术的应用技巧，熟悉各种媒体信息的载体和形式，那么搜集和占有信息就不再是问题了。因此，教育者媒体信息利用能力的关键在于对媒体信息进行评析的能力。

教育工作者要对各类多媒体信息的特点和制作过程有一定的了解。多媒体信息的表现方式有别于传统信息，它表现为具有超媒体性，信息的运用是交互的，信息的传播是超越时空的，信息的服务呈现出个性化，信息的生产呈现出数字化的特点。教育者还要对各种媒体的运作、组织架构及其对现实的反映都有一定的了解，了解媒体信息的制作过程、控制机制与运作规律，能够在海量的信息中提取出有用的信息。但能够理解媒体认知读解能力，还不足以满足微媒体时代需求，还要具备甄别、质疑和批判媒体内容的能力。

在某种程度上，一切媒体信息都包含了一定的价值观和生活方式，这些信息都是经过处理和加工的，渗入了某些思想、解释和结论。对媒体信息进行批评式的解读，要能够洞察到其背后的意识形态、商业意图等，尽可能在信息的主观处理和客观内容中寻找边界，从而对信息进行更精确的评估。同时，也要注意对媒体所传递的信息进行多方面的评析，让获得的信息更加客观和有效。此外，也要判断已有的信息繁荣进一步传播的后果和影响力，做到正确鉴别、理性分析和合理评估。

需要指出的是，为了满足职业的需要，思想政治教育工作者还需具备将政治理论素养和专业理论知识相融合，分析有关信息的素质与能力。这部分师资队伍普遍具备良好的马克思主义理论功底，能够运用马克思主义的立场、观点与方法解决问题，对国家的大政方针有一定的了解，学识渊博、科研经验丰富，对本领域的前沿动态较为熟悉。基于坚定的政治立场和扎实的专业素养，他们就能形成良好的信息甄别能力，在面对一些重大的社会事件和热点问题时，能够去伪存真，展现出良好的分析、评价媒体信息的能力。

2. 规范利用传播媒体信息的能力

传播学将信息传播过程中起到特殊"过滤"作用的传播者称作"把关人"，这就导致了这样一种现象：只有那些与群体规范相符，或与"把关人"价值标准一致的信息内容，才被允许进入传播渠道。在当前的网络思想政治理论教育中，思政工作者要充分利用"把关人"的优势，运用自身独特的功底和内涵，努力消除不良信息。了解和掌握国家的相关规定，合理使用媒介工具，充分利用课堂内外的阵地平台表达自我，把握网络话语主动权，对大学生进行正确的人生观、价值观和世界观引导。思政教育工作者也可以在网上作为意见领袖，担负起教育青年、引领社会思潮的职责，配合主流媒体，传播马克思主义，弘扬社会主义核心价值体系，推动实现思想政治教育教学的目标。

此外，在教育工作者的媒介素养结构中，也应该包含着对网络伦理的正确价值观，自觉遵守网络道德规范和网络文化价值观，遵守道德约束，加强个人的自律意识，在进行媒体内容创作和积极发声的时候，要以公众利益和国家利益为前提，不能损害他人的利益。

3. 开展媒介素养教育的能力

教师在媒介素养教育中有着特殊的意义。教师作为一般公众的一员，同样也要接受相应的培训和教育，掌握媒体生存策略，这也表明，教师也是媒介素养教育的对象。并且，他们中的一部分人又要投身于媒介素养的教育中，成为媒介素养教育的施教者。

年轻人应该具备的媒体能力应是多层面的，从思想政治教学的相关性和教师的知识特性来看，思政教师应该把重点放在对学生信息分析能力的培养上，让他们用科学的世界观和方法论对媒体信息进行选择和创制；通过信息分析培养他们的批判性思维、独立思考和自主学习的习惯，引导其健全人格，规范网络行为。加强信息道德意识，合理运用媒体促进自身发展。

二、思想政治教育工作者媒介素养的提升策略

（一）开展培训活动，全面提升教师的媒介素养

提高教师媒介素养的基本方法就是进行多种形式的培训活动。近年来，随着计算机等级考试和计算机应用能力测试的逐步推行，在某种意义上达到了全员普及培训的目的。各种专业培训也有很多，例如，教育部全国高校教师网络培训中心等机构，开展过大量高校教师网络培训，但思想政治理论课程方面的培训内容不多，所以，笔者认为，应在培训形式、内容和过程三个层面上进行完善。

从培训形式上看，应将专项培训和综合培训结合起来。专项培训是针对教师媒介素养提升而进行的专门性培训。现在参见的有两种：普及性培训（如，参加全国信息技术等级考试前的集中培训）、针对性培训（如，由教育部全国高校教师网络培训中心组织开展的相关专业课程培训）。综合培训是指在思政课教师的专业培训中穿插安排的培训，比如，教育部组织的高校思想政治理论课骨干教师研修班，其目的在于从多个方面来强化师资队伍建设，提升思想政治理论课的教学质量。在培训过程中，常会安排关于提高媒介素养的专题讲座。当前需要增加思想政治理论教育的专项培训，在综合培训中，为学员提供实践的条件。

在培训的内容方面，应该将技术培训、法律法规培训等培训结合起来，除了信息技术的普及性、一般性培训外，还应该有针对性地开发有关技术培训课程，为教师提供媒体制作的设备和实践场地，让他们能够把学习到的技术变成应用。同时，还要对教师进行媒体制作和有关理论方面的培训，邀请传媒专家参与培训活动，让教师能对媒体信息的制作过程有较为系统的了解，同时也能了解其中的媒体意识形态和价值取向，以及组织架构经营管理等深层内容，了解媒体对受众的影响、控制与导向。

目前，与国民素质密切相关的法律法规主要有三大类：第一种是如《互联网信息服务管理办法》等初步成型的网络媒体管理和规制的法规体

系；第二种是现行立法中与网络舆论有关的内容，例如，《中华人民共和国电信条例》等；第三种是如《通过短信息服务管理规定》等有关手机信息使用的规定。了解这些法律法规，有助于提高教师的媒介素养，营造良好的网络环境。此外，培训也应该有针对性地涉及相关专题，例如，怎样将微媒体技术运用到政治理论课程中去等，让在这方面有研究的同行能交流经验，有针对性地解决教学中的问题。

在培训过程中，要将专业培训和自我培训结合起来。微媒体的一个重要概念就是时间性，随着技术的日新月异，旧媒体必然会被微媒体所替代。这就需要公众熟悉微媒介、掌握新技术、提高信息素养、加强运用传媒的能力，不断提升自己的媒介素养，对思想政治教育工作者而言，个人媒介素养的提升应该贯穿于整个职业生涯过程。要做到这一点，除专业培训外，还需要教育工作者具备较强的媒介素养意识，不断更新知识、技术和理念，适应新技术发展的步伐，满足现代教育教学需要。

（二）开展科学研究，促进成果推广与资源共享

有关媒介素养对高校思想政治理论课影响的研究，目前还处于发展阶段，还有许多问题有待解决，这就要求高校和各级管理部门创造一个良好的环境，并成立基金予以支持，鼓励教师开展研究、提高教学效果、增强自身媒介素养。

在各种研究中，关于微媒体技术和思想政治理论课程的整合研究是最容易入手的。基于学习相关理论知识、掌握一定技术、利用数字校园环境，一线教师可以与平时的教学相联系，建立课程网络平台，增强教师和学生之间的沟通和互动。也可以将经典教案课件、相关视频资料，编撰成教辅材料，充分发挥微媒体技术的作用。

相对于国外，我国传媒素养教育起步较晚，适合我国实际的媒介素养教育还在探索中，在此情况下，高校有关教育工作者应积极进行媒介素养教育研究，特别是编撰适用于各类学生的教材研究。高校思想政治理论课教师要与信息技术人员、新闻学、传播学专业人员合作，共同开发出适用于思想政治教育工作者的媒介素养培训教材，以供专业培训或同行自修自

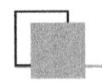

学使用。

媒介素养教育与思想政治教育的交叉研究，是近年来研究者关注的一个重要课题。教育者可以将媒介素养教育内容适当地融入思想政治教学当中，通过媒介素养教育来提升思政课教学质量，让两者相互促进。可以将一些社会关注的焦点问题作为研究案例，通过分析这一事件的各种声音，让学生学会使用科学的世界观和方法论来认识世界，引导其对待媒体信息能保持理性的态度，尝试洞悉信息背后隐藏的复杂意图，指导他们学习运用媒体，传播健康信息，树立正确的网络道德观，为构建和谐社会、营造良好的网络环境做出自己的贡献。

通过一系列的研究和累积，目前在媒介素养教育、网络思想政治教育等领域都有了很多成果，主要体现在论文著作和教材实践中的经验总结、网络平台系统等方面。科学研究的目的不应仅停留在这里，应该将研究成果适时地运用到教学实践中去，在尊重版权的情况下，有关部门应为这些成果推广和资源共享创造条件。当实践中探索出的好办法被广泛采纳、所涉资源库的访问者数量不断增加时，才算是这些科研成果的价值真正实现。

（三）建立评价体系，引导规范媒介素养教育

在微媒体背景下，高校的教学管理与评价要将教师的信息能力、媒介素养等内容纳入其中，建立起相对完善的高校思政课教师媒介素养评价体系，从而规范媒介素养教育的质量。因为媒介素养教育要有软、硬件和环境的支持，所以，可以将这一评价体系的内容划分为两部分：媒介素养环境评价和教师媒介素养评价。

高校应规划微媒体技术环境建设的投入，例如，提供功能齐全、技术先进、能够满足课堂教学需要的多媒体网络教室；积极为各门思想政治理论课建设课程网站提供支持等。同时，学校应通过科研立项、教学评价等方式，鼓励思政课教师运用新技术手段和教学模式，对有关的资源库和教材进行建设开发和编制，创造应用微媒体技术进行教学改革的氛围，为学生的媒介素养提升营造良好环境。

构建高校思想政治理论教师媒介素养评估体系，既能激励教师积极参加继续教育学习，强化自身媒介素养，又能为相关培训、教师自学提供质量规范标准。评估指标内容应以观念意识为导向、以技术应用为基础、以媒体信息能力为核心与目的展开。

评估原则要注意全面性和系统性的统一，特别是要突出教师媒介素养对思政教育教学的积极影响；体现工具性和实践性，教师媒介素养标准应将重点放在怎样运用微媒体技术开展教学、怎样促进学生的学习和提高学生的媒介素养上；同时也要重视评价标准的开放性与可行性，评估体系要做到简单明了，易于操作；此外，要关注标准的层次性与差异性，要充分考虑教师个体的年龄、知识结构等差异，在保障高标准导向性的同时，也要照顾到切实可行的底限。

评价的体系可以采取量表型和网络型相结合的形式，可以通过考试或答题形成评价；与此同时，并行建设网络评价体系，不断收集相关信息，形成总结性评价，也可以进行阶段性考量，达成形成性评价，并有针对性地给出解决方案，通过评价促进提升，反映出评价体系的诊断功能。

在当前，提高教师的媒介素养，是加强高校思想政治理论课教育教学效果的重要方面。思想政治理论教育旨在提升学生的思想政治素养，引导学生塑造正确的"三观"。在此过程中教师自身的媒介素养水平、实施媒介素养教育的效果，都将对其最终效果产生深远影响。

第二节　大学生媒介素养教育

一、大学生的媒介素养现状与特点

（一）深度依存于微媒体环境

当前，高校学生的成长刚好赶上了微媒体快速发展的时期。相对于父辈，他们对微媒介有着几乎天然的情感联系，在日常生活中接触网络的时

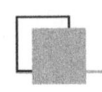

间更长、频率更高，网络已经变成了他们获得知识和社会信息的一个重要途径，也是他们进行交流和沟通的主要渠道之一。大学生对于多媒体信息的需求较为强烈，他们不仅关心网络的娱乐功能，同时也关注网络的新闻功能、知识功能，因此，网络对大学生的影响不仅仅体现在生活中，还渗透到了思想观念、道德品行等各个方面。

由于对微媒体环境的高度依赖，年轻人逐渐适应了虚拟网络世界，减少了与现实世界的交流，而这就容易使其对外部世界产生陌生感和不安全感，这对于大学生完善人格、完成社会化都是不利的。过度依赖网络，有时会影响其大学生活，打乱其学习节奏。一旦沉迷于网络，就会对他们的学习和健康造成很大的影响。

对微媒体的高度依赖，使得当代大学生与传统媒体如报刊、广播等产生了距离。在当前阶段，我国传统媒体仍是宣传马克思主义与社会主义核心价值的主阵地，发挥着重要的社会舆论引导与监督功能。此外，传统媒体有着严格的"把关"程序，采用信息的制度较为严谨，在传播信息、教育大众群众和维系社会稳定上有一定的权威性。大学生与传统媒体的疏离，也将不利于其价值体系的构建。

（二）信息获取能力出色而信息评判能力有待强化

大学生是在微媒体环境中成长的，他们普遍掌握了微媒体技术的使用技巧，对不同的信息载体都有很好的了解，熟知搜索引擎的检索方式，并习惯在线阅读，获取信息的能力较为出色。但他们获取信息的途径庞杂，对获得信息进行评判的能力还有限，鉴别信息的能力还有待强化。

不管是传统媒体，还是当代微媒体环境，都存在着十分复杂的因素。一切媒体内容都是人为构造出来的，体现了创作者的意图，因此同样一件事情，在各种媒体的叙述下，往往会有不同的面貌。目前，大学生对媒体信息本质的认识还有待提升，他们对媒介的表征和建构能力的警惕性也有待强化，很容易将媒体信息的真实与现实世界的真实搞混。

相对来说，大学生了解媒体的商业性意义，他们能够明白，大多数的媒体生产都是一种商业活动，因此，对多媒体广告大多会多维度思考、辨别。但是，媒体还具有极强的价值观意义，所有的媒体产品都宣示着一定的价值观念与生活方式。①。而在这方面，大学生认知还有待完善。

（三）自媒体载体的运用能力尚需提升

在微媒体背景下，网络媒体的兴起使公众参与媒体信息创造的门槛大大降低，人们能够较为容易地拥有自己的媒体平台，自由地发表自己的观点，信息使用者与制作者的边界越来越模糊，人们步入了自媒体时代。大学生是较早使用各类自媒体载体的群体，他们具备了一定的信息处理能力，有着积极表达信息的意愿，有使用个人话语权的意识。

而就大学生所发布的信息内容而言，主要是生活感悟、人际互动交流等，在学术学习、思考思想、公共事务讨论等方面的内容不多。内容的质量制约信息的社会影响力，在网络信息领域，有特点、有号召力的大学生网络意见领袖并不多。在运用微媒体进行信息传播过程中，存在着另外一个常见的问题，那就是信息责任意识普遍有待提高。此外，许多学者还指出，因为大学生在校期间的媒体实践经验不多，所以，当前阶段大学生运用操作媒体的能力有着较大的发展空间。

（四）网络道德法律素质有较大提升空间

目前高校学生对有关网络法律法规的了解还有待深化。大学生网络失范主要体现为网络价值观念模糊，其中最常见的网络失范行为是网络信息侵权。由于互联网的开放性、分散性和易获取性，使得微媒体逐渐成为大学生获得资料的重要途径，但部分大学生在引用、复制网络信息时，往往会忽略注明出处。部分大学生虽然能意识到这些行为的潜在危害，但是自我约束能力不强。较多的大学生对有关法律法规、政策制度的了解还有待强化，亟需加强其法律意识与自律意识。

另外，大学生网络信息使用中还存在着浏览不良信息的问题。面对网络信息污染，大学生的有效抵制能力和信息辨别力还有待加强。如果长期接触不良网络信息，将会对年轻人的身心健康产生很大的危害。复杂多变

---

① 宋小卫. 西方学者论媒介素养教育［J］. 国际新闻界，2000（04）：55-58.

的微媒体环境，以及大学生的网络道德水平，都表明急需对大学生开展相关的道德教育与法律教育。

二、大学生的媒介素养对思想政治教育的新挑战

（一）与网络的深度共存影响大学生的健康成长

由于对网络的高度依赖，使得大学生更容易沉迷于网络世界，与真实生活脱节。这就会导致大学生对现实厌倦、与社会疏离，从而产生情感迷失、心理脆弱等状态。同时，在互联网环境下，个人的意志能够被极大地满足，从而导致了个人自我意识的不断膨胀和个性的过分发展，最终导致了其集体意识的淡化。当他们重新回归到现实生活中时，往往会感到无所适从，这对他们的社会化完成是不利的。面对网络环境、转型社会和独生子女生活状况等诸多影响因素，对当代大学生人格和心理发展的重视已是思想政治教育不可忽视的一个内容。

（二）"无国界"的信息摄取冲击着主流意识形态教育

大学生熟悉微媒体介质和技术，有良好的外语水平，有着较强的网络信息搜集和吸取能力，可以自由自在在网络信息世界中畅游。由于网络有着开放、共享的特点，它已经成为"无国界"的信息平台，在这个信息海洋里，充斥着各式各样的意识形态信息。即便是看似平常的一些媒体信息，其实都带有很强的意识形态色彩。

在目前的情况下，网络上的信息可以说是鱼龙混杂，这对我国主流意识形态教育造成了一定的影响。这种状况对现代大学生选择、评判和质疑信息的能力提出了考验。在实际生活中，仍然有一部分学生对媒体意识形态的认知不到位，对一些偏颇的意识形态观念疏于防范。这必然会对其政治观的塑造产生不利影响，容易导致其政治目的不明确、立场不稳。这就要求思政教育工作者要加强自身的思想水平与职业水准，努力应对微媒体下的意识形态斗争。

第四章　微媒体时代思想政治教育教学中的媒体素养

（三）信息结构碎片化挑战思想政治教育内容的系统性

微媒体技术打破了传统文本信息组织方式，呈现出一种全新的非线性网状信息结构。具有媒介素养的大学生已经形成了电子文本阅读习惯，他们能够在超文本数据和不同网页之间进行任意切换、频繁点击，从而使信息结构具备碎片化特征。这一变化，是对包括思想政治教育在内的现代各学科教育内容系统性的考验。

思想政治教育的内容，是按照一定的社会需要和受教育者的思想实际，经过教育者的筛选和设计，有目的、有步骤地向受教育者传播的思想意识、价值观念和道德规范等[①]。看似内容涵盖范围很广，但其中的各个内容要素是有机整合、相互联系的整体，具有一定的理论性、系统性和完整性。但是，新媒体时代成长起来的青少年已经"不再用一种线性的、一页页、一行行、一本本的方式，而是以直觉的、联想的方法将信息链接起来。超文本培育了一种由直觉和联想的跳跃所激励的学问。"[②] 在这种非线性的阅读模式中，所有的信息都是松散的，而由此引发的思考则倾向于自觉和想象。通过这种方式，在传统文本阅读中培养的思想丰富性、条理性大大削弱。因此，思想政治教育工作者，面临着解决教育内容系统性、理论性与受教育者思维方式少连贯、重直觉之间的矛盾难题。

（四）自媒体传播带来价值体系"无核心化"

在微媒体环境下，人们越来越重视"发声"意识和话语权，信息制作与传播能力成为媒介素养的重要内容。个人的广泛参与表明所有人都能成为媒体的发布者，成为信息源，能够自由地进行交流，形成了信息传播中的"去中心"倾向[③]。

---

① 陈洁，高国希. 大学生思想政治教育内容体系研究 [J]. 思想理论教育导刊，2011 (10)：86-89.
② 汪頔. 新媒体对"90后"大学生思想政治教育的新挑战 [J]. 思想教育研究，2010 (01)：71-74.
③ 张九海. 思想政治教育的新变革——基于网络思维特征的思考 [J]. 国家教育行政学院学报. 2011 (01)：56-59.

新的信息传播方式对高校思想政治教育教学也产生了一定的冲击。首先，大学生是自媒体的主体，他们所接收的信息来源多样、可信度低、内容庞杂，这将对传统社会信仰体系产生严重的侵蚀。其次，"无中心化"的信息将导致对传统权威的削弱。在师生双方平等关系中，"师"在学术上的权威性开始发生了变化，统一稳定的价值观也面临着挑战，正统的价值体系也受到影响。而且，在没有中心的网络中，每个人都是话语主体，个体意识得以激活，个人主义的价值取向逐渐显现，追求个人绝对自由的现象产生，价值体系的"无核化"倾向出现，思想政治理论教育的价值导向作用也就会受到冲击。

（五）网络失范现象考验当代道德教育

网络道德教育是媒介素养教育和道德教育的重要内容。相比现实中违反道德规范，网络失范现象主要特征有三：第一，失范行为的隐蔽性，在开放、匿名的虚拟网络世界中，人们的网络行为是自主进行的，网络失范行为似乎是在不知不觉中发生的，这是对大学生道德自律能力的一种考验；第二，规范内容有待明确，随着信息网络技术的飞速发展，各种新的网络行为层出不穷，但法律法规无法提前预知所有的网络行为，这就需要大学生在面对有待完善的网络规范时，拥有较强的自主判断能力；第三，惩罚机制有待健全，实际生活中，当一个人违反社会道德规范，就会被相关的法律规范所制裁，甚至是被社会舆论所谴责，而网络失范行为在惩罚的严厉性、及时性、规范性等方面，是比较温和的，这就需要大学生具备清醒的道德自觉。

因此，在实际的德育教育过程中，要促使大学生养成正确网络价值观念和网络行为习惯，具备良好的网络道德水平。当前，大学生与微媒体环境已经建立起了深厚的依存关系，有着较好的信息获取能力，但在信息评判能力方面还需要增强，网络道德水平仍有大幅提升的空间。思想政治教育要积极应对大学生人格成长、核心价值观引领、当代德育教育等方面的挑战。当前，将媒介素养教育内容适当地融入思想政治教育中、提高大学生的媒介素养、推动思想政治理论教育，是一个值得深入研究的新课题。

三、大学生媒介素养教育在思想政治教育中的意义

媒介素养教育是20世纪后期，欧美和亚洲一些地区兴起的一门新兴学科，20世纪90年代末，国内开始了关于媒介素养教育的研究，陆续出现了相关论文和著作，并举办了有关的学术研讨会。

大学生媒介素养教育内容主要包括：了解媒体的基础知识和使用方法，学会对媒体信息的意义和价值进行评判，学会创造和传播信息的相关知识与技巧，学会利用媒体发展自我。媒介素养教育旨在引导学生正确认识、建设性地享用大众传播资源，以此来培育学生健康的媒体批评能力，从而让他们可以更好地利用媒体资源来完善自己，融入社会发展中去。将媒介素养教育融入思想政治教育课堂之中，将对当前高校思想政治理论教育产生一定的意义。

（一）推助思想政治理论教育目标的达成

我国思想政治教育就是要培育全面发展的社会主义事业建设者与接班人。其教育目标可以分为两个层面，一是个体目标，也就是要实现培养什么人的任务，推动人们的思想政治素质发展、健全人格、提升主体性，推动人的全面发展；二是社会目标，也就是完成为谁培养人的任务，让每个社会成员，特别是年轻一代，成为符合社会需要的人，推动整个社会的发展。

人的全面发展是与时俱进的。进入新世纪，要求人的全面发展与社会的全面发展、提高国民素养相统一。在微媒体时代，国民素养的内涵得以扩展，能够积极使用媒体、创造媒体产品，对无所不在的信息拥有主体意志和独立思考能力，成为优质公民的基本特征。通过媒介素养教育，可培养大众上述特质，提高整个国民的素养，推动思想政治理论教育的个体目标实现。

媒介素养教育要引导大学生客观甄别、理性分析、公正判断各种微媒体信息。要提高学生警惕网络信息污染的能力，剔除不良信息，维护其身

心健康。引导其正确对待外国电视、电影等视觉产品的意识形态性与价值导向性，树立社会主义理想信念。同时要让学生熟悉我国独特的大众传媒生态，明确主流舆论导向功能不动摇，认识主流媒体对于改革开放、建设现代化国内国际舆论环境的意义，恰当认识理想状态与现实政治的差异，建立起正确的政治观。使每个学生都能得到全面发展，为他们的自由发展打下坚实的基础，使他们成为满足社会主义现代化建设需求的高质量人才。

（二）深化思想政治理论教育教学的内容

在传播知识的前提下，思想政治理论教育更重视对大学生的思想政治素养提升，注重对学生的价值取向和思维训练的引导，让他们能够形成独立批判思考、解决道德问题的能力。塑造其核心价值与共同理想。其教学内容主要包括：认知形成、价值观确立、品德培养、健康心理塑造等，而这些内容恰好在媒介素养教育中也有良好体现。

思想政治理论教育的一项重要内容就是怎样引导青年人形成正确的世界观和方法论。我国的立国指导思想是马克思主义，它为人们认识和改造世界提供了科学的世界观和方法论。而媒介素养教育的实质就是指导人们尽可能地摒除媒体信息的主观性，更好地认识客观世界，媒介素养教育能够有助于大学生形成正确的认识论。通过分析具体的媒体信息，使学生认识到，媒介并非只是外在客观世界的简单印象和基本信息，更包含了他人的观念和引导。要坚持实事求是的认识论原则，分析信息，注重理论与实际相联系，通过批判思考、秉持理性怀疑。这样，才能形成科学的认识论，从而更好地认识世界、改造世界。

价值取向，是价值哲学中一个重要概念，是一定主体，在遇到或解决各种矛盾和冲突关系时，根据自身价值观所采取的基本价值立场、价值态度，从而表现出来的基本价值取向。具备良好的媒介素养，就能对各种媒体产物所包含的某种价值观和生活方式有清晰的认知，才能在当下价值多元化的现实中，选择符合中国特色社会主义发展的价值取向，积极接受社会主义核心价值体系。

微媒体环境下，高校德育教育应包括两个方面：一是现实社会德育教育；二是网络德育教育。当前，高校在网络德育教育方面，有着较大的提升空间，仍需进一步在网络空间合理引导道德价值观念，提高大学生的整体道德水平。虚拟空间和现实社会中的道德水平是紧密联系在一起的，网络道德失范也会对现实伦理道德观念与行为产生一定的影响，若不重视网络德育，则会影响现实德育。如果对大学生进行媒介素养教育，不仅能够促进网络德育教育的进步，还能在媒介素养教育的过程中，增强大学生的"慎独"意识和道德自律，使其将这些意识、观念与习惯都自觉地转到实际生活中去，从而有助于提高学校的德育教育水平。

大学生心理健康教育与网络德育相同，都是近年来思想政治理论教育内容的拓展。有研究证明，对网络的强烈归属与高度依赖是当今大学生心绪浮躁、心里脆弱、精神孤独的原因之一[①]。媒介素养教育能引导学生认识虚拟空间与现实世界的联系、差异，尽量实现在两种不同空间中的自由切换，合理利用网络平台，积极融入现实社会，成功实现个体社会化。这表明，媒介素养教育有助于调节高校学生的情感心绪，提高他们的心理素养，培养健康人格与良好心理。

（三）提升思想政治理论教学效果

通过媒介素养教育，学生在获得信息的时候，就会展现出主动性、自主性和参与性，让他们更好地融入教学过程之中，使教师和学生互为信息的传播者和接受者，互为思想政治教育的教育者和受教育者，使得课堂变得更生动，提高了课程的吸引力，强化了思想政治教育信息的传播效果。

媒介素养教育不仅要注重知识传播，更要注重在实践中形成素养。例如，教师寻找恰当的传媒实例，引导学生去观察纷繁多样的信息，剖析其隐藏在背后的真正用意；设置主题，创造条件，让学生模仿传媒制作者，将自己的意识意愿与意图通过信息传递出来；也可以通过模拟实验室和主

---

① 李林英，郭丽萍. 新媒体环境下高校思想政治教育研究 [M]. 北京：人民出版社，2015：259.

题游戏，让学生亲身体会被媒介包围的生活环境，体会到各种媒体对他们的影响。

在媒介素养教育过程中，如果教育者的案例选择和主题创设恰当，学生通过多个维度思考和比较，去伪存真，从而建立起自己的认知和判断，这样建立起来的理想信念就会更加坚定，形成的道德意识就会更自觉，塑造的人生观和价值观也会更加地科学。通过这种方式，可以在无形之中转变高校学生的思想状态，提高思政教育工作的实效性。

总体而言，媒介素养教育和思想政治理论教育的目标是一致的，在内容上是交叉的，两者是互相促进的，媒介素养教育能够帮助大学生树立认识世界的形成方式和方法，树立远大理想，形成正确的价值观，同时，良好的道德情操、行为习惯也会引导大学生规范自己的网络行为，成为积极的网民。因此，将媒介素养教育融入大学生思想政治教育中，不失为一条切实可行的途径。但在实际教学中，要注重区分主次，突出中心。课堂教学中的媒介素养教育内容一般只涉及媒体信息分析、媒体产品制作。

第三节　媒体生态环境的建立与维护

一、媒体生态环境概述

（一）媒体生态、媒体生态系统与媒体生态环境

传媒生态这一概念最早可以追溯至 19 世纪 60 年代。学者们借鉴了生物学界"生态"一词内涵，提出了"媒体生态"。生态是自然环境中多种因素之间的相互影响和交互作用而形成的一种平衡、健康的环境。在西方，媒体生态学研究者把媒介自身看作是一种环境结构，媒介作为技术的代表，其产生会极大地改变人们的感官均衡状态，从而产生一个影响社会发展的新的环境，人类生活在一个不同媒介制造的、多种符号混合而成的

第四章 微媒体时代思想政治教育教学中的媒体素养

符号环境。[①] 他们围绕人展开研究，探讨了传播技术和媒介发展与社会文化、人的思维和行为之间的关系。西方学者认为媒体生态是由媒介创造的符号环境或符号组成的，人生活在媒体生态之中。

在我国，关于媒体生态的概念，国内学者有着不同的认识，他们认为，在一定的时代里，媒介的各个组成要素之间、媒介之间、媒介与外部环境之间联系和制约，形成的比较平衡的结构，就是媒体生态。由于历史文化和基本国情的不同，我国的学者更多地是研究社会文化对媒介的反作用，特别是政治文化对媒介的影响。基于人与媒介的互动层面，媒体生态被看作是媒体的生存环境，研究的重点在于"媒介生存"。

根据对媒介生态的理解，我国学术界普遍将媒体生态系统视为在特定的时空中人、媒介、社会、自然四者相互影响、互相依存情况下，通过物质交换、能量流动、信息交流而形成的一种动态、平衡的有机整体。最早研究这一问题的邵培仁指出，媒体生态系统包括了：自然环境、社会环境、信息生产者、消费者与分解者，他们之间是相互协调、共进共演的[②]。

大多数学者认为媒体生态系统是由媒介生态系统和媒介生态外系统构成的。媒体生态内系统包括媒体控制群、媒体影响群。媒体控制群是指以媒体产业主体的信息控制群落；媒体影响群包括由读者等组成的信息消费群，和图书馆、废品回收站等的信息分解群。媒体生态内系统中充满了媒介之间的竞争与制衡、信息生产和消费的相互作用。通过意识形态传播与教育引导媒介影响群众的信息接收，也是思想政治教育的主要目的之一。在传统媒体时代，由于信息接收者难以自主获取信息，所以，思想政治教育者在主流价值传播中扮演着极其重要的角色。

媒介生态外系统是媒介群体生存、运行于其中并与之产生相互作用的社会大系统[③]。对于媒介生态外系统的研究，需要关注影响媒介生存与发

[①] 单波，王冰. 西方媒介生态理论的发展及其理论价值与问题 [J]. 新闻与传播研究，2006（3）：2-13+93.

[②] 王永亮，张倩倩，李莹. 新视阈下的高校思想政治教育研究 [M]. 北京：中国华侨出版社，2021.

[③] 张馨文. 高校思想政治教育生态共同体研究 [D]. 南京：南京林业大学，2023.

展的政治、经济、文化、技术等因素。高校思想政治教育是媒体生态内系统外系统相互影响的一个重要例子，主流意识形态传播和教育反映了社会政治、文化对媒体生态的影响，同时，这种政治性传播又不能脱离媒体生态系统而独立开展。媒体生态系统具体如图4-1所示。

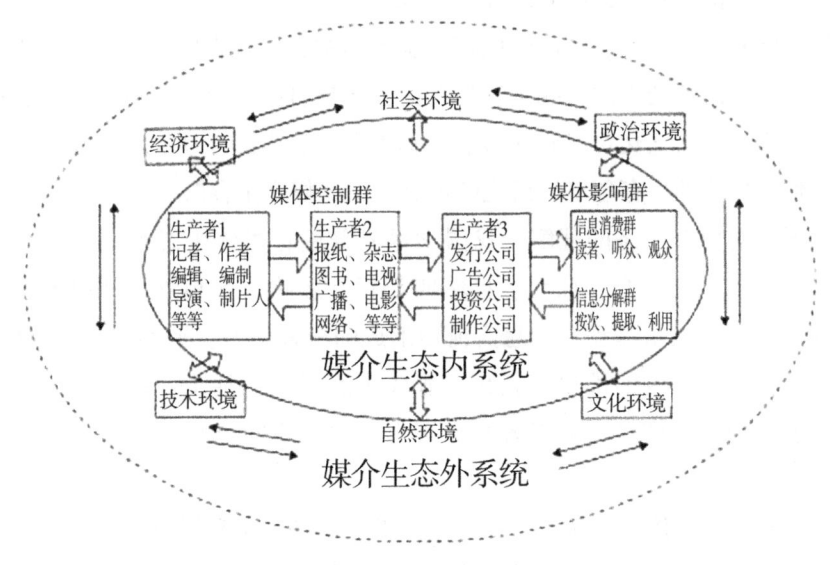

图4-1 媒体生态系统图

在对媒体生态系统，特别是媒介外生态的研究中，基于中国传媒的实际情况，我国学者对媒介生存与发展所涉及的政治、文化、技术、经济等诸多影响因素进行了深入的研究。由此形成了一个新的概念，即媒体生态环境。

媒体生态环境即影响人们使用、制造和传播信息的各类技术资源、市场资源、文化资源等数量与质量的统称。它包括媒体生态内环境和媒体生态外环境两个层面。前者是以媒介为核心、技术为支撑、媒介类型和传播机制等为要素组成的；后者受到政治制度、社会文化、经济市场、环境资源等因素影响。在不同历史发展阶段、社会制度之下，媒体生态环境的面貌是不同的。在传统媒介条件下，媒体生态环境已经发展成了人类文化环境的一部分。

（二）新媒体生态系统与新媒体生态环境

当今，以网络为基础的新媒体技术，孕育出了新媒体生态系统，对传播技术、信息资源形态、人的观念和行为都产生了很大的影响。在新媒体生态系统中，包含了新媒体生态内系统和新媒体生态外系统两个层面。新媒体生态系统如图 4-2 所示。

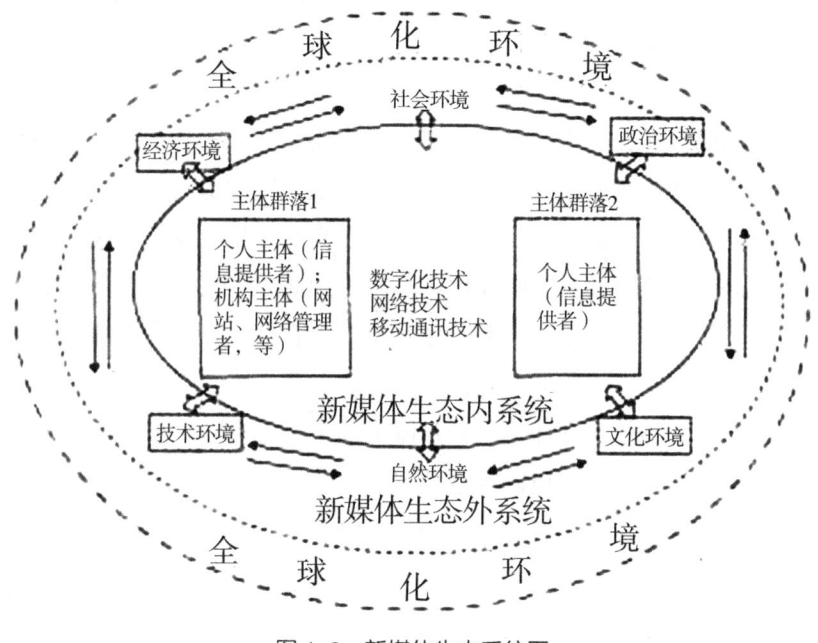

图 4-2 新媒体生态系统图

新媒体生态内系统主要包括主体群落、技术基础，前者是指在网络环境中的行为主体；而后者是信息交换的必要条件。技术支持的好坏，将直接影响到新媒体生态内系统中的复杂程度和主体群落的丰富性。同时，主体群落的主动性、目的性，以及技术应用中的行为，又会反过来影响着新媒体生态内系统。不断演进的微媒体技术、主体群落之间是密切关联的。

新媒体生态外系统的功能是实现内系统和外部环境的物质流动、信息传递和能量转换，为个人、组织和社会提供全面有效的信息服务；但又必然受到政治、资源、技术、社会文化和市场等诸多因素的制约。由于技术已逐渐成为影响新媒体生态的核心要素,所以,新媒体与技术市场、市场态势等经济因素的联系越来越密切;由于媒体无孔不入地渗入了人们的日常生活中,其能否良好地运行又和政策法规、社会制度等密切相关,因此,微媒体生态内外系统之间的交互频率和相互影响程度都是空前的;同时,因为网络技术的全球化,媒体生态外系统中的政治、经济、文化、技术等有关因素常常是跨越国家边界,覆盖全球范围的。

这样,良好的微媒体生态系统就需要从内部调整网络环境、主体群落等组成部分,实现结构稳定、功能高效;并与外部世界建立和谐有效的联系,顺利实现能量、信息的交换。

新技术的兴起,对传统媒体生态环境造成了巨大的冲击。不仅使得传媒形式、传媒产业类型等发生变化,还促使媒介所制造的符号系统、意义环境也有了改变。社会成员现在不仅要面对自然环境、政治环境、经济环境、文化环境,还要面对新媒体生态环境。为此,在研究新媒体生态环境时,不但要关注媒介自身的生存,更要重视人在这一环境中的生存,这是当前新媒体环境下,思想政治教育研究的一个重点。

相对于传统媒体生态环境,新媒体生态环境主要特点有五个方面。

第一,微媒体生态环境以数字技术为核心。以数字化为手段,提供的统一格式信息,通过计算机网络技术将信息终端连接起来,最后实现信息传播。这样,大众能自主挑选信息,享用优质的数字内容;数字技术的出现,极大改善了媒体从业人员的工作模式,使得采访更加简单,简化了传播环节、丰富了媒体产品;数字技术的发展,不但促使了新的媒体技术出现,而且推动了计算机、广播和通信产业的融合,使得媒体产业发生了巨大的变化。随着移动通信技术的不断发展,数字信息传播不再局限于实体网络,可以在任何时间、任何地点通过无线网络完成信息传播。将无线技术与网络信息技术相结合,使传统手机与电脑更加紧密地结合在一起,满足人们移动上网的需要。手机及平板电脑已经成为多媒体信息服务的信息接收和发送终端。总而言之,数字技术、网络技术和移动通信技术的融合,共同组成了新媒体的技术平台,为创建新媒体生态环境打下了技术基础。

第二，在新媒体生态环境中，个体既是信息的制造者又是信息的消费者。伴随着"自媒体"的发展，传统媒体生态环境中，信息制造者和消费者清晰的界限逐渐模糊，个体既是媒体的分众、媒体网络社会消费者，又是媒体内容生产者。

在此背景下，主流媒体面临着非主流媒体的冲击，意识形态的主要渠道也面临着多源与多元信息的冲击，在这种媒体生态环境中，怎样规范传播内容、占领传播阵地，是当前高校思想政治教育面临的一个新课题。

第三，在新媒体环境中，大众需要具备更高的媒介素养。传统媒体生态环境中，大众需要掌握获取知识的基本技能、释读信息的分析理解能力，而现在，新媒体生态环境还要求人们掌握一定的新媒体技术，学会使用电脑、手机等设备，要有更高的信息选择能力，这样才能不被难以辨别真假的信息所迷惑。在这个每个人都可以成为信息发布者的时代，为了保障网络安全、网络权益，人们还需具备较高的道德水平和自律能力。高校思想政治教育更应在这方面发挥应有的作用。

第四，在新媒体生态环境下，多元媒体的融合已经是大势所趋。新媒体的兴起、多媒介形态的聚合、各产业的融合都使得媒体生态环境发生了巨大的变化，传统传播产业也在寻求与网络媒体的有效融合与协同发展，开始出现了传媒"一体化"，各媒介载体的界限逐渐模糊，通过媒介融合，形成媒体集合体。传媒产业开始流程化，各种产业的介入，使得媒体运作模式也随之改变，传统媒体与新媒体相互联系，使得电视终端、计算机终端和手机终端可以各自观看相同的媒体内容。在这种情况下，传统媒体通过对图文、音频等多种方式的整合，实现多维度、立体化的传播。高校思想政治教育的方式、途径要根据受教育者的信息接收新特点，进行不断调整和完善。

第五，微媒体生态环境本身就是一个虚拟世界。在微媒体生态环境中，可以通过改变比特排列实现对数字化信息的修改和虚拟仿真。信息的产生、传播和使用群体经常被虚拟成符号，在这种虚拟中人们的交往也逐渐突破了时间和空间的限制，由此而形成的传播关系、人际交往关系都呈现出某种程度的虚拟性。因此，在微媒体生态环境里，形成了虚拟商品、

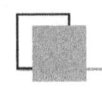

虚拟社区、虚拟世界，人们生活在虚拟世界和现实世界当中，后者是前者的原型，前者是对后者的模仿与超越。在新媒体技术的帮助下，人们在现实世界和虚拟世界之间架起了一条联系的通道，使得二者既相对分离又在政治、教育等方面有紧密的联系。网络思想政治教育就是充分利用新媒体生态环境的虚拟性，而进行的主体间的虚拟实践活动。

新媒体生态环境也与人类其他生存环境一样，有时会面临一些危机。在媒介传播机构生存和发展的层面上，危机往往表现为以下几种情况：外部经济环境与市场态势的不良影响、媒体间的恶性竞争、信息污染、信息侵权等；在个体进行信息交换的层面上，受到不良媒体信息的影响，个人的身心健康、认知等受到伤害，或者因为数字鸿沟导致受众接收到的信息不平等。

二、媒体生态环境建立与维护的影响因素分析

（一）法律法规政策的规范与引导

在我国，以互联网为代表的微媒体发展与中国特色社会主义法治建设历程是同步的，在法律观念转变和立法体系不断健全的情况下，我国已基本建成媒体管理与规则的法规体系。但是，网络立法并不是一个新出现的、独立的法律部门，而是相关法律法规在网络空间的新集合。从已有的法律关系层面出发，其形成方式有：一是制定新法律法规，在构建中国特色社会主义法治体系中，政策文化始终发挥着重要的规范和引导作用，此后，国内对微媒体的早期规范形式大多是"通知""规定"等。二是在已有的法律修订中加入微媒体的规范内容，例如，《统计法》《测绘法》《著作权法》等。三是运用现有的法律及其精神规范新的社会行为。

从立法机构层面上讲，与媒体生态治理有关的立法分为三个层面：第一，由全国人大制定、颁布的专门性法律，例如，《全国人民代表大会常务委员会关于维护互联网安全的决定》就是我国互联网管理体系中最高效力的法律文件。第二，国务院颁布的行政规章，例如，《中华人民共和国计算机信息系统安全保护条例》。第三，有关行业部门和下属机构颁布的

一系列法规性文化，和地方性法规、地方政府规章和规范性文件。

从目前的法律实践情况来看，法律法规与政策规制、导引意义体现在以下几个方面。

首先，对媒体生态环境提出了一些基本规范。通过相关的法律法规和文件，对微媒体的生态环境进行基本的规范，例如，要设立接入控制、内容控制等相关机构，健全网络域名的管理方法，制定网站备案管理制度，保障微媒体生态系统的稳定性。

其次，保障整个网络系统的安全运行。网络信息安全是维护微媒体生态正常运行的基础，《中华人民共和国计算机信息系统安全保护条例》是我国最早的网络管理文件，其目的就是为了加强网络安全，规定所有的组织或个人，都不能利用计算机信息系统损害国家利益、集体利益和公民合法权益，也不能危害计算机系统的安全。通过立法和规章，明确不能制作计算机病毒，未经许可不能访问计算机系统，维护国家政治、科技等系统的信息安全。

再次，对微媒体信息内容进行管理。信息污染也是一种危害生态环境健康的因素。世界上许多国家都制定了有关禁止色情暴力信息、限制商业不正当竞争等的法律。《互联网信息服务管理办法》就明确规定了禁止九类信息：违背宪法基本原则、危害国家安全、损害国家荣誉和利益、破坏民族团结、破坏国家宗教政策、扰乱社会秩序、散布色情与暴力信息、侵害他人合法权益，以及法律、行政法规禁止的其他内容。

最后，打击网络侵权行为。很多国家都有保护知识产权、公民和法人的名誉权等相关的法律。在我国，《互联网著作权行政保护办法》规定了网站应在网络侵权方面采取的措施，明确了著作权人维护自身合法权益的方式，为保护网络著作权提供了法律依据。

但我国有关网络的基础性法律法规中也有需要改进的方面，例如，在专门的法律规范方面，特别是个人信息保护、电子商务税收等还有待完善；相关法律文化的内容仍有待进一步细化，比如，还需要对相关行为程序进行规范。建立健全法律法规和政策，对于推动微媒体生态的良性发展、维护国家安全和公众利益、保护公民和法人以及其他组织的合法权益，有非常重要的意义。

（二）保障体系的建构与完善

1. 行政机构管理

为了加强国家信息化建设、维护国家信息安全工作的领导，国家曾设立国务院信息化工作领导小组、国家信息化领导小组，其具体工作由工业和信息化部承担，当前，以上机构已经不再设立。其他管理机构还有：中国互联网络信息中心（负责国家网络基础资源运行管理）、公共信息网络安全监察局（负责组织测试计算机网络安全，打击网络犯罪）、国务院新闻办网络新闻管理局（负责统筹全国互联网络新闻宣传工作）。

目前，国内网络媒体管理机构主要有三类，分别是接入管制部门、安全管制部门和内容管制部门。接入管制部门主要是工信部和工商部门负责，主要致力于建设和管理网络与信息安全技术平台，监管网站经营许可权利。安全管制部门由公安部门和国家安全部门负责，主要负责监控网络中的各种有害信息，对互联网经营与服务单位、上网服务营业场所进行监管，过滤境外网站。内容管制部门由中央和地方的新闻办公室、对外宣传办公室负责，是网络媒体新闻传播的核心部分。

2. 相关行业自律

在当今的网络环境下，单纯依靠立法和行政管制难以完全解决网络有害信息的发布，还需要诸如新闻媒体、服务供应商、系统集成商等相关行业的自律。中国互联网协会是目前国内影响力较大的网络媒体行业自律组织，是由中国互联网行业及与互联网相关的企事业单位、社会组织自愿结成的全国性、行业性、非营利性社会组织。其他自律性社团包括：中国互联网新闻信息服务工作委员会、中国无线互联网行业诚信自律同盟等。运营商及网站也相继制定了自律性公约，例如，《中国互联网行业自律公约》《搜索引擎服务商抵制违法和不良信息自律规范》《中国互联网网络版权自律公约》《文明上网自律公约》《中国互联网视听节目服务自律公约》《反网络病毒自律公约》《互联网终端软件服务行业自律公约》等。

3. 社会公众监督

在维护微媒体的生态环境过程中，除了法律规范和行业自律外，社会公众监督也是一项重要的途径。目前，公众监督的主要途径是网站举报。中国互联网协会互联网新闻信息服务工作委员本着维护公共利益、举报违法信息的原则，成立了互联网"违法和不良信息举报中心"。此外，类似的机构还有：公安部网络安全保卫局设立的"网络违法犯罪举报网站"，专门受理那些在网络中危害国家安全、社会稳定，宣扬民族分裂、诈骗等有害信息的举报；中国互联网协会设立的"网络不良与垃圾信息举报受理中心"，负责受理、调查分析、处理各类互联网、移动和固定电话网等形式的信息通信网络、电信业务中的不良信息内容；全国扫黄打非办公室举报中心，接受公众对非法出版物、侵权盗版出版物互联网及手机媒体淫秽色情和低俗信息等各种案件的线索；各省和各行业网站也都开设了相关的举报中心，接受公众的网络监督。

4. 技术支持

建立健全组织保障机制，也离不开新技术支撑。相对于传统媒体环境，在微媒体环境中，对网络媒体进行技术管制尤为重要。互联网的技术管制手段主要分为过滤技术、分级技术。

（1）过滤技术。是指通过恰当的技术手段对网络中的有害信息进行过滤，不仅可以防止有害信息对人的侵害，满足社会对意识形态的要求，还能通过规范用户网络行为，提高工作效率，提升网络资源的利用效率，减少病毒对网络的侵害。目前内容过滤技术主要有：名单过滤技术、图像过滤技术、智能过滤技术等。

（2）分级技术。是指针对不同的接受对象提供分级网络信息，划分标准为年龄或内容。

（三）媒介素养的教育

媒介素养教育这一概念源于传统媒体时代，其内涵和外延在现代都得到了进一步的深化拓展，究其根本，是因为微媒体技术的发展对公众媒体素养有着更高的要求。

首先，从新技术发展而来的微媒体，使大众的基本媒体技能不再局限于听、说、读、写，还要掌握一些计算机应用技能与网络知识；其次，随着网络的新发展，网络规制也随之发生了变化，近年来，网络法律的义务承担主体已经从最初的网络运营商、服务提供者等，转变为普通网民。网站主要负责管理自己所提供的信息和维护信息环境，作为主要信息发布者与接受者的网民，将对信息内容负责。这种角色转变要求网民具备较好的信息辨别、分析能力和网络道德意识。再次，在微媒体时代，怎样保护切身利益是社会大众必须具备的能力。除了黑客入侵、信息污染等网络权利的侵害以外，还有一些行业机构也有可能会损害公众利益，例如，设备供应商对于用户的跟踪行为。最后，在政府的网络立法中，公民还应思考个人隐私权保护问题、言论自由表达权的限度问题。自身网络权益的争取与保护，是对公众媒介素养的考验。

为了构建一个和谐、健康的微媒体生态环境，需要社会、家庭和学校共同关注大众媒介素养教育。各方面应形成合力，创造良好的环境，通过论坛培训、举办活动等形式，为公众，特别是年轻人提供接受媒体素养教育的机会。同时，还应当将媒介素养教育作为家庭教育的一部分，家长对未成年人的行为负有引导和监督的责任，也要在潜移默化之中，使学生了解媒体，增强他们分析信息的能力。媒介素养教育的主要阵地是学校，特别是高校。通过开展相关课程培训和参与校园文化的创建等活动，提高了大学生的媒介素养。

公众媒介素养的重点是自律。因为大学生是网络使用群体中的重要群体，所以，多部门联合颁布了《全国青少年网络文明公约》，旨在增强青少年网络安全防范意识和网络道德意识，倡导全社会关注青少年网络环境，荡涤网络不良现象。

在微媒体时代，对大学生进行媒介素养教育，首先要培养他们的正确网络道德观念，在虚拟网络空间中，自觉遵守国家法律法规和社会公德，用社会主义世界观、人生观和价值观来对问题进行分析和判断，对不良信息进行抵制，树立正确的网络观念。其次要加强高校学生的媒体信息能力，例如，掌握运用微媒体的技能，加强分析传播信息的能力，强化维护个人权益的能力，为构建健康的微媒体环境，减少网络犯罪做出自己的努力。最后要引导学生形成文明上网和规范传播的网络行为习惯。只有形成了正确的道德观念，具备了必要的媒体信息能力，养成了文明的网络行为习惯，公众才能成为维护微媒体生态环境的重要力量。

总而言之，微媒体生态环境既要有法律法规和政策来规范和引导，又要有建立健全的制度和机制保障，还要有新技术支持和调控，更要对公众进行媒介素养教育。通过政府、行业和公众的共同努力，才能真正构建良好的微媒体生态环境。

第五章

微媒体时代高校思想政治教育中的"微思政"

微媒体时代是一个信息通动、传播形式多样化的时代，所有可利用的碎片时间都被不断开发，影响着受众。随着新媒体技术的普及，各类"微"产品越来越多，以微博、微信为代表，衍生的微电影、微生活等"微"事物不断涌现，在此背景下，"微思政"应运而生。"微思政"实际上是高校思想政治教育中的微产品，并非无中生有的新名词，它是长尾理论在学校思想政治教育中的一种价值拓展。在微媒体时代下，如何应用长尾理论，充分发挥"微思政"的作用，探索更加个性化的思想政治教育新途径，是当前我国大学生思想政治教育工作面临的一个紧迫问题。

第一节 "微思政"应用长尾理论的需求性

一、微思政的提出与涵义

（一）微思政的提出是建立在长尾理论基础之上的

"长尾"这个概念最早出现在美国《连线》杂志主编安德森的《长

尾》一文中。在 2006 年，他又基于此加入了许多商业案例，出版了畅销著作《长尾理论》。"长尾理论"被看作是对新经济现象的一种形象化诠释，"长尾理论"指出，在以往，人们出于成本与效率，只能将注意力集中在一些重要的人或者事物上，用正态分布曲线来描绘，也就是说人们只能关注到曲线的"头部""主体"，忽略处于曲线"尾部"的大多数人或事[①]。其模型如图 5-1 所示。

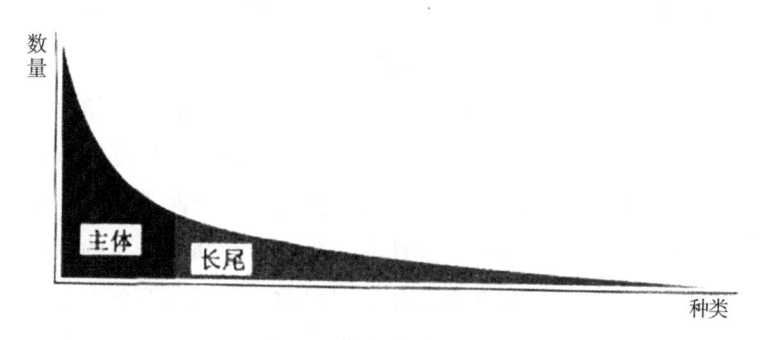

图 5-1　长尾理论模型

在这个模式中，"长尾"实质上是一条在二维坐标上的需求曲线，越接近图形纵轴线的产品销售量越高，越往右延伸，产品的销量就越低，并逐渐形成向横轴末端延伸的一条长曲线。安德森将其总结为：社会文化和经济的重心在快速转移，由需求曲线前端的少数热门，逐渐过渡到取向末端的大量通俗产品和市场，而在这个不受货架空间限制及其他供应瓶颈的时代，面向一小部分群体的产品和服务，也具备了与主流热点同等的经济吸引力。

在上述模型论证的基础上，可以将长尾理论的关键归纳为：聚焦长期被忽略的分散、多数非目标消费者；关注过期的热门和一直未曾升温的冷门商品；关注非主要需求，也就是众多消费者的个性化需求；定制化程度高、获取成本较低，使得长尾可能成为利基市场；长尾市场产生的利润应

---

① 季海菊. 新媒体时代高校思想政治教育的解构与重塑 [M]. 南京：东南大学出版社，2014.

与头部市场相当①。

在微媒体时代，长尾理论对于高校思想政治教育有着重要的现实意义。高校思想政治教育涵盖的主体非常广泛。从目前的学校思想政治教育工作实际来看，不管是在基础教育阶段，还是在高等教育阶段，都有很多的思想政治教育工作者为思想政治教育工作付出了艰辛的努力，开展了多方面的研究或实践，耗费了大量的资源。例如，长期以来，关于思想政治教育主体的问题一直存在争议。又如，多项教育教学改革、各种研究课题的开展接连不断。但实际思想政治教育工作的效果却不理想。

在微媒体背景下，高校思想政治教育受到了冲击，随着学生逐渐成为教育的主体，传统思想政治教育工作者的教育方式已难以起到效用，在新环境下，学生接收信息的渠道变多，不再仅仅局限于课堂教育和思想政治教育，学生能借助新媒体或自己的社会体验，对教师所传授的信息进行解读。就大学生而言，他们最在意的并非"思政"理论的高深与系统性、严谨性，大量的信息与交互平台，影响着他们的价值观。所以，在这种情况下，众多的主流价值观和其传统教育方式都属于长尾理论模型中的"主体"，而各类信息传播或活动就是"长尾"，而这种"长尾"又可以称为"微思政"。因此，"微思政"是在长尾理论基础上提出的。

（二）微思政是新媒体时代高校思想政治教育的一种新形式

微思政不同于通常的"课"，它是一种从微观角度出发、具有即时性和透性的思想政治教育。它细小、具体；看似随机随性，但却是经过精心设计的；涉及思想政治、人生观等教育的各个方面。与传统的思想政治教育工作相比，它的价值和文化影响力在于它能够将受教育者的注意力集中起来，并且能够激发他们的学习兴趣，让他们获得持续发展、有自我实现幸福感的道德体验。达到思想政治教育最初的功能——有目的、有计划地对受教育者施加影响，让人回归到真正的人。"微思政"与"微德育"二者的共同之处是：都不强调理论上的高深，而更多地重视细节，重点体现

---

① 季海菊. 新媒体时代高校思想政治教育的解构与重塑 [M]. 南京：东南大学出版社，2014.

情感的关怀，把所有教育的核心内容聚焦于学生体验的起点和归宿；不只是工作者提供产品，学生使用产品；重视与学生共同体验，共同改进教育成果，让学生也成为教育成果的制造者和工作者。基于长尾理论的微思政模型，如图5-2所示。

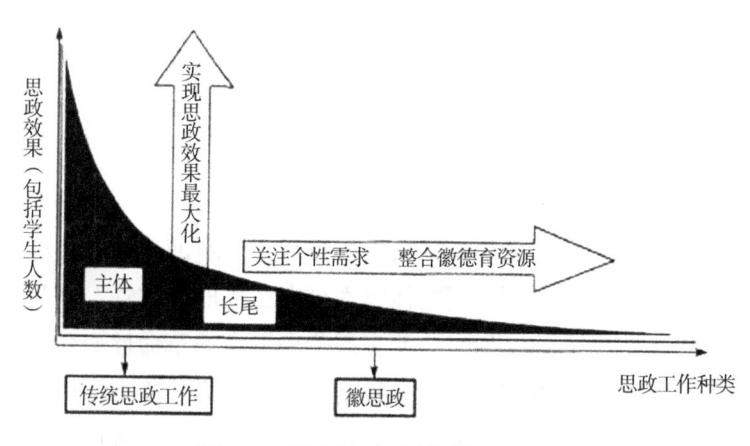

图5-2 基于长尾理论的微思政模型

二、微思政应用长尾理论的现实意义

（一）有利于实现微思政产品生产的长尾化

相对于传统媒体，新媒体的核心是数字信息技术，通过网络技术和移动通讯技术，构建了一个覆盖范围广泛，涉及领域全面的网状体系，它承载和传播了大量的信息，并且其信息的更新速度也大大超过传统媒体。长尾理论的模型由纵轴和横轴组成，以思政种类作为横坐标，思政效果（含人数）作为纵坐标，二者相交而成的曲线即为长尾理论中的需求曲线，面对庞大的学生群体，只要设计的是教育内容，都会有需求，于是就会出现需求曲线中的长尾。

从这一点可以看出，如果微思政工作人员能够熟练地运用互联网、微信等新媒体终端的相关应用知识，那么就能够自由地获得海量的信息资源，生成所需的微思政产品，在与学生进行信息化交互的途径与平台中，针对不同类型的学生，提供小范围的个性化服务，其成效将远远超过系统教育效果。与此同时，当前的信息量的丰富程度是前所未有的，再加上微思政产品的生产周期短、传播速度快，不受体制、制度等繁杂程序的限制，因此，思想政治教育工作者可以充分利用新媒体技术丰富的信息表现方式，将微思政内容以声音、图像等方式生动地展现出来，提升微思政的辐射力，让新媒体的信息容量和时空范围从有限趋于无限，进而达到微思政产品生产的长尾化。

（二）有利于实现微思政传播平台的长尾化

新媒体技术的出现，为思想政治教育打造了全新的平台，为思想政治教育工主者带来了便利。因为新媒体技术具有主体的开放性、工具的先进性、信息的共享性等优点，所以，能实现传播平台的革命性变化：传播通道从单向、单维度转变为多角度、多维度；传播内容从静态、单一的形式转向动态、多样的形式；在信息的发布和接收上，实现了从地域封闭转向"无屏障"，实现了人类"地球村"的梦想。可以说，新媒体为微思政提供了最佳技术环境，不但在教育手段、信息获取与传播方面取得了巨大的进步，还让传统思想政治教育平台变得多样化、立体化，更具生动性、灵活性，从本质上实现了微思政传播平台的长尾化。还大大加快了微思政内容的传播速度，丰富了学生的所见所闻内容，加强了高校思想政治教育工作的生动性与感染力。

（三）有利于实现微思政需求的长尾化

微媒体时代的新型传播海量化，拓宽了学生获取信息的途径与容量，特别是通过多媒体信息共享，扩大了学生的知识面，同时，大量的信息混杂在一起，令人目不暇接，令人难以在短时间内查找到所需的信息，或是难以辨别对自己有益的信息。这个时候，就要靠长尾理论的"过滤器"，让人在无限的选项中寻找自己的所需，也就是这个时候，"长尾"的力量才得以发挥。长尾理论中的"过滤器"是指消费者在众多产品中为找到自己需要的产品而使用的一系列工具、技术的总称①。例如，搜索引擎、产品排名等。这种"过滤器"能够将需求推向长尾的尾部，将非热门产品转化为热门产品，而冷门产品则会被有需求的消费者所发现。

微媒体时代下，高校思想政治教育工作者要高度重视"过滤器"的开发与使用，为使微思政需求趋向长尾化，要充分运用长尾中的各种微思政资源，在大众文化与小众文化混合、专业与非专业混合的信息环境中，凸显传统媒体中非主流的信息价值，让使用者能够便捷地找到自己喜欢的网站和服务，满足其个性化信息需求。

三、微思政的"长尾效应"

（一）微思政空间的拓展

在微媒体环境下，受众可以使用的媒体丰富多样，不再忠实于一种媒体，大众传播模式和格局出现了"碎片化"的发展倾向。美国学者尼葛洛庞帝在其《数字化生存》一书中，针对这种"碎片化"现象指出：大众传播的受众通常是单独的个体，一切产品都可以订购，信息转变为极端个人化。个人化是窄播的延伸被广泛认同，其受众从大众到较小和更小的群体，最后终于只针对个人。我国学者喻国明认为，从传播影响力来说，仅凭一个媒介的强势覆盖，产生强大传播影响的时代已然过去，传统媒介传播市场分割正在逐渐收缩，其话语权威和传播效能正在减弱。

随着受众"碎片化"和族群化，传统传播格局逐渐转变为多对多的传播新格局。在此新格局下诞生的微思政，若能运用长尾理论，将扩大原本的空间，充分释放客观存在的个体差异化需求，形成无限生产、无限的渠道、无限的需求"长尾"。同时，也可以让受教育者按照自身的媒体使用习惯，自主地选择信息平台，并利用自身的平台建构自己的社交圈。此外，各种传播通道也对信息传播内容产生了深远的影响，形成了传播渠道

---

① 洪涛，孙舒婷. 新媒体时代高校"微思政"个性化教育新理路——基于长尾理论的探讨[J]. 广州：南方职业教育学刊，2022，12（01）：48-54.

互为"长尾"的关系。在微媒体的发展下，各类传播平台更加强大，使得微思政有了更大的发展空间。

（二）个性化需求的满足

微媒体为微思政的"微内容"传播搭建了新的平台，利用长尾理论，将尾部的"微内容"聚集在一起，就能形成"巨内容"，这些少量的需求会在需求曲线上形成一条长长的"尾巴"，实现"微内容"的极大数量。在这条"尾巴"上，将凸显出"个性化"。面对新媒体环境下受众的个性化，微思政内容应避免"打包服务"，这就需要思想政治教育工作者将各类教育资源整合起来，使之最大限度地满足受众，使他们能够在任何时候通过搜索自己感兴趣的关键字，找到自己所需要的信息。甚至是实时获取一些重要的信息，这些信息就可能来自长尾的"微内容"。一旦"长尾"发展到一定程度，"微内容"的作用就会被无限地扩大，从而使微思政能够更好地满足每个人对信息的个性化需要。

（三）微思政形式的更新

根据长尾理论，"小众商品"在网络平台上的需求会在需求曲线上拉出一条长"尾巴"，从而达到一定规模的细分市场。类似的，这种"小众商品"的销售也能在销量曲线或者说盈利曲线上拉出一条很长的"尾巴"，"小众商品"的零星销量累积在一起，也能带来巨大的收益，有时候甚至比"大众商品"赚得还多。互联网平台上的"长尾效应"是新媒体发展的一种新途径。

在新媒体的时代，为了更好地生存和发展，微思政就要持续地开拓长尾市场，如果将一些看上去并不热门的"微产品"聚集在一起，就会打造出一个堪比热门"主体教育市场"的"大市场"。从深层意义上讲，新媒体环境下"碎片化"的信息市场，使得受众呈现出较高层次的分化，散布在若干个不同的文化部落之中，部落与部落的联系，也从地域的邻近与工作场所的闲谈，变成了彼此的共同兴趣爱好。在这种情况下，微思政其实已经变成了精准的"定制化"传播，每一条细分的"尾巴"都聚集在一起，形成了一个前景无限广阔的"大市场"，分得越细，就会有更大的"市场"，从而形成一种全新的微思政形式。

(四) 实现微思政效果的最大化

纵观目前我国高校的思想政治教育工作，不论各方对此给予了怎样的重视，有了多少的研究结果，在学生对此的重视方面，仍有大幅提升的空间，根据长尾理论对此现象进行剖析，其关键在于妥善解决成本和效率的关系，以往都是用正态分布曲线来描绘，注意"头部"即"主体"，但在曲线"尾部"、需要付出更多精力和成本才能关注到的大多数人或事更也不容忽视。

第二节 "微思政"的定位与价值延伸

一、微思政的定位

微媒体环境下的微思政教育，是一个以学生为主体，展示其丰富的个人或集体精神与生活世界的新育人场域，与此同时，注重向学生推送必要的道德素养等宣传，促进他们产生无意注意（自然发生的，不需要做任何有意识的努力的注意），从而进入到社会中，与他人接触，丰富自己的知识、经验，让自己感到愉悦；他们能够通过微现象来反思自己的精神领域，并且能够进行论述和探讨，从而使自己的道德意识得到提升，培养自我教育力、发展道德能力。在此，可以从三个层面对微思政进行定位。

(一) 立足小微，源自生活

高校思想政治教育工作是一个系统性的工程项目，要有长远的规划，要有课程的实施，要有长效的管理。根据长尾理论，深入细枝末节。因为长尾理论的奥秘就是：如果将大量非热门产品聚集在一起，就能创造出一个足以与热门市场竞争的庞大市场。一般而言，一个人在一段时间内能够接收到的信息量是非常有限的，在数个小时的学习中，能够记得的信息通常只有几条或者几点。

微思政的内容要以小微为基础，表述简练，直接指向实际的问题，以小人物、小事件为重点，通过对其进行深入的分析，可以启发和思考，使他们能够对自己生命成长过程中的道德境界进行主动关注和反思，以此来展示主体道德实践的魅力、人性的光辉以及对生命的价值的肯定，从而促进学生健康的、积极的生命气质和高尚的品德。这样的"小角色"或"小事件"必然来自生活世界，因为生活世界正是道德教育的源头与基础。生活的历程和道德学习和生成是一个共同的过程，道德信仰的形成则是建立在具体的生活、行为、经历之上的，而非抽象的理智推论。所以说，立足于微观、源于生活、贴近生活、高于生活，是微思政的外显特征。

（二）形式多样，易于选择

安德森的《长尾理论》从开始到结束一直在讨论品种多样性的问题。产品种类的多样化将为消费者带来更多的选择，从而更好地满足消费者的个性化需要。长尾理论阐释的就是丰饶经济学，丰饶经济学表明，在大量的同质化物质产品满足了人们的基本生存、发展需求以后，人类的自我实现，就会要求在多样化中进行自由选择。传统的思想政治教育大多在课堂或者是在校园里开展，难以激起学生的强烈道德需求和道德情感。

其实，微思政就是要在不知不觉中，传递一种心灵的沟通、一种行为的榜样。尤其是微思政利用网络平台或即时通信工具，通过微阅读、朋友圈、汇聚的社会焦点等方式实现多样的微表达，能够激发学生的选择欲望，引发学生关注与反思，使其感受到社会需求、道德修养、自我价值实现的关系。这样的微型思想政治教育，投入成本很小，但能取得很好的成效。

（三）关注体验，着眼内化

信仰不是靠理智就能得到的知识，而是用身体、信任、困惑、热爱等而取得的知识。这其实是一种体验。在日常生活中，人们经常会遇到"道德冲突"或者"两难问题",促使思想政治教育向内扩展与转换,这就是微思政的"内涵式"管理的提炼。苏霍姆林斯基曾说:德育准则,只有经过了受教育者自身的努力和亲身体验,才能变成其真正的精神财富。体验是一种从生活、情感的感性中产生的内在感受,它在生活和心灵中搭建了一座桥梁,可以使学生的道德认知得到内化,并且能够激起他们的道德情感,把道德意志转化成道德行为。

小微的道德体验更具有润物细无声的效果。目前,在"教育"与"体悟"这二者中,道德更倾向于"体悟",小微不是"灌"出来的,它是在体验中"悟"到的。现在许多学校都注意到了这个问题,要求教师和学生去捕获微型的、真实道德现象,并对这些道德现象进行反思和解答,使学生的心智活动、内在情感、信念通过身边的小事内化、锻炼、提升,也许这正是"微言大义"与"微行真情"内化的最好诠释。例如,开发各种微型思政课,学生通过体验、感悟自己或周围的故事,在心灵的碰撞中,激发他们的生命体验和生命感动,这样可以将融入于心智中的道德信念和道德行为,提升到对道德的抉择上。

二、价值延伸

(一)微思政中的长尾理论价值延伸之一:资源集聚

根据帕累托法则,在传统的经济中,重视20%的热门商品,而80%冷门产品,基本上是处于搁置或遗忘状态的[1]。伴随着新媒体技术的发展,80%冷门产品的商品经过网络空间的整合,前所未有地活跃、集聚起来,逐渐形成一条长长的尾巴,其积蓄的能量可以和20%的热门商品媲美。

克里斯·安德森相信"长尾"之所以具有如此大的魅力,其原因在于三种力量:生产工具的广泛普及使得生产者数量大幅增加;利用传播工具的普及,减少了消费成本,建立了新的市场和新的交流中心;联结供给与

---

[1] [美]克里斯·安德森. 长尾理论,乔江涛,石晓燕译. 北京:中信出版社,2009:52-56.

需求，通过群体指挥联络供给与需求的能力，提供了全新的推荐和营销方式。这三股力量各自为正在兴起的"长尾"市场提供了大量的新机会。

长尾理论的资源聚合价值，为开展微思政工作奠定了理论基础。在当今信息如潮的时代，长尾理论启发文明，在微思政教学过程中，要对身边的每一条信息都给予足够的关注，善于从中选择有价值的信息，并在一点一滴的积累中获得强大的力量。在此基础上，要积极地运用多种方法，对可能存在的信息资源进行挖掘，并对其进行分类和聚集，使之形成一定的规模。基于资源集聚，微思政工作者应依据自身所拥有的信息资源构建信息库和数据链，为学生选择提供充足的信息量，这个过程也就是"长尾"蓄积力量的过程。

（二）微思政中的长尾理论价值延伸之二：关注个性

长尾理论认为，传统经济是供应侧的规模经济，单一品种规模化生产条件下，消费者的短缺问题是关注重点。而长尾理论的经济学模型是需求方规模经济，在大量品种、小规模的生产情况下，消费者更注重个性化的需要，拥有丰饶的权利。在微媒体环境下，人们对"长尾"的积极性空前彰显，多样化的商品与信息更能充分满足人们个性化需求。在微媒体环境下，微思政对学生个体个性化需求的重视，不仅是其自身的需要，更是对"长尾理论"在微思政中的运用和体现。

首先，微媒体的传播内容丰富，这让大量的青年学生开始转向那些可以满足自己某些兴趣的信息或者数据，尽管对于他们而言，主流文化仍然是必要的，但这并不是他们满足文化需要的唯一途径。现在的大众主流文化，正在和众多的细分文化进行较量，青年学生更倾向于拥有更多选择的那一个，这种小众文化，已经成为一股不容忽视的力量。这带给微思政以很深的启发：当青年大学生的价值观发生变化时，微思政在不抛弃"头部"主流文化需要的前提下，也要关注曲线"尾部"的众多小众文化需要，要清楚地意识到，那些针对某一小部分人需要的小众文化，与主流大众文化的吸引力是同样的。

其次，在微媒体环境下，互联网媒体在开放模式下为青年大学生提供了更大的自由，满足了人们的需求和体验的多样性，其程度超出了人们的预料。在这种完全自发的情况下，仅注重"头部"服务而忽视"尾部"服务，其结果若不符合青年学生的口味，他们便会马上改变转向，最终拒绝引导与服务。在这种情况下，无论微思政的设计有多好，都无法达到事半功倍的目的。为此，要转变思维方式，妥善解决"头部"和"尾部"的关系，重视青年学生个性化需求，使微思政的效能最大化。

最后，因为长尾曲线的尾端是极其庞大的商品类别，唯有尽量多的商品类型，才能够满足受众的个性化需要。因此，高校微思政要积极开发多样化的教育资源，最大限度地满足广大学生的兴趣和习惯。在此基础上，应尽量为部分学生提供更多的信息选择，满足其多样化需要，并逐渐做到信息的个性化定制。根据长尾理论，要想形成繁荣的长尾市场，就需要先满足人数并不少的无数小众。

（三）微思政中的长尾理论价值延伸之三：小中见大

长尾理论以关注"小利润大市场"为特点。这个理论中，"头"是正态曲线中突出的那一部分，两侧较为平缓的称为"尾"。从大众的需要来判断，大部分的需求都是集中在头部的，也就是所谓的流行。分散在尾部的需要是个性化的，这部分差异化的需要，就会形成一条很长的"尾巴"。其根本原理是：如果储存和流通的渠道够大，那么，一些需求不高或销售不理想的商品所占有的市场份额，就能够与一些热销商品所占有的市场份额相当或更大，也就是说，许多个小市场聚集在一起，可以形成了足以媲美主流大市场的强大的市场能量。

长尾理论中所提出的"小利润大市场"理念，对于微思政教育具有一定的启示作用。长期以来，我国高校思想政治教育的常规做法是有组织有规模地进行，但实践收效不佳。微思政分散开来，采取了一种小型化和动态化的方式。所谓小型化，就是将组织划分成一个个小团体（班级小组或各种小型社团），每个小团体都可以进行多种形式的思想政治教育活动；动态化指的是把校园里的各种重大活动分解开来，并针对新形势和新问题进行活动内容的适当补充，让各组织自行制定的各项活动，保持其动态化。这样小型化、动态化的思政理念，让微思政在微媒体的背景下获得了更多的发展空间，有了生存空间，就能继续拓展微思政市场，生产微思政产品。根据长尾理论，将大量的非热门产品聚集在一起，就可以组成一个足以与热门市场抗衡的"大市场"，这样微思政能发挥出"小中见大"的优势。在此层面上，运用长尾理论的微思政是一种新的理念、新的智慧。

（四）微思政中的长尾理论价值延伸之四：冷静包容

安德森的长尾理论充分展现"和"与"或"中的"和"的特质，具有很强的包容性。安德森相信，长尾理论并不排除传统的规模经济，它将大规模的主体商品与小规模、多样化的产品放在一起，互相学习，这是对帕累托法则的一种完善。这一理论启示人们，不要把注意力集中在20%的热门市场，还要关注尾部80%的利基市场。不得不说，即使是在微媒体时代，大多数的使用者在浏览信息的时候，首先注意的还是20%的热门产品和主流信息，而不是一开始就会去关注那些非热门产品和非主流的信息。因此，长尾理论就是基于热门商品或知名的互联网平台，在使用者熟知的领域内，利用多种信任推荐的方式，将他们引入不熟悉的领域，使使用者能够持续发掘自己的潜在需求，从而实现"长尾"的价值。从这一点可以看出，长尾理论与帕累托法则并非完全对立，而是存在着某种互补关系，而且在实践中，它更加重视帕累托法则中被忽视的80%，表现出它的冷静和包容性特征。

微媒体环境下的微思政具有非常丰富的内涵。"微"在哲学含义中有"温暖""生命本微"之义。要使微思政的"温暖"得到充分体现，就要打破微思政工作者固有的思维方式、思维定势和已有知识局限，不但要知道学生的想法，而且要以更大的耐心和毅力去理解他们的想法，切实做到"以人为本"，让每个受众都能感受到微思政的"温暖"。

同时，要转变高校思想政治教育工作者的领导角色意识，使之成为设计者、服务者和教练员。作为一个设计者，要设计微型思政的内容、实施流程、基本策略和预期效果；服务者既要始终"以人为本"，也要拓宽视角，既要注重"头部"聚集作用，又重视细化"尾部"需求，为学生们提供更加个性化的服务；教练员在研发微思政产品的时候，不仅要让学生学习怎样用思政产品，还要和学生共同完善思政产品，让学生在运用思政产品的过程中获得快乐的体验。

（五）微思政中的长尾理论价值延伸之五："引领"受众

长尾理论认为，消费者的价值需要应该被"引领"，而非被"迎合"。这是因为消费者的价值需要是从众且模糊的，他们在不清楚自己所需的商品或服务时，其隐性需求就会变为显性需求。因此，单纯通过市场调查、价值判断来寻找客户的价值需求，是不现实的。企业要站在顾客的立场上，认真分析客户真正需要的是什么，并研究和思考，那些"非顾客"为什么不买你的产品。只有厘清了上述问题，企业才能更好地将"迎合"客户需求，转变为创造顾客真正需要的价值，"引领"顾客需求。

当前，随着信息的全球一体化，世界各国之间的文化交流与发展呈现出空前的活力，多元化的价值观不断涌现。面对纷繁复杂、令人眼花缭乱的信息，有些青年学生无所适从，他们的价值观标准、价值观抉择面临着考验，出现了二元甚至多元的价值标准共存的现象，导致了他们的价值选择困惑、价值取向混乱，同时也促使了当代大学生价值取向多元化和价值取向自我化。

在这种混乱的价值取向下，作为微思政工作者，首先应从"引导"青年大学生的需要出发，转变"迎合"他们个性需要的观念。只有深入研究不同学生的个性需要，才能逐渐获得他们的认可，通过提供有差异化的微思政产品，实施差异化的引领与教育。

其次，要注意对青年大学生的价值需要进行分层"引领"。人们的需要有一定的层次性，可以分为基本需求与派生需求或者高层次需求与低层次需求；即使是在同样的时期，人的需要也存在着重要与次要的不同，其中影响最大的是重要需求。微思政工作者要注重对青年大学生不同层次的需要进行"引领"，进而满足青年大学生更高层次的需求，实现其价值的升华，通过对高层次需求的挖掘来赢得受众。

最后，要对"引领"青年大学生的过程进行深入理解，这是一个不断

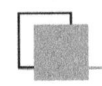

积累和价值升华的过程。这一过程是在青年学生初步有了价值需求之后，持续地调整微思政产品的主要功能属性，并适时地按需补充其他的服务，直到对产品或服务的"消费过程"和它的价值取向过程完全重合。"引领"青年学生建立正确的价值观是一件很困难的事情，唯有在每个阶段都让他们获得了需求的满足，才能真正地发挥出思想政治教育最基本的作用：有目的、有计划地对学生的思想道德施加影响。

第三节 "微思政"产品的开发与应用

一、开发与应用原则

（一）内容独立，体系完整

为了防止在碎片化的学习时间内，所学的知识是零碎的、片段式的，因此，微思政要被独立化，尽管单个的微内容表现的是很小的信息或是很窄的主题，甚至是比较简单的问题。每一条信息都应该具备相当的独立性，以便让学习者能够随时随地学习、讨论，或是体验。

当然，也要从整体出发。完整的微内容并非仅仅是对各种资源的简单堆砌，它是针对特定的知识点或活动主题的系统教学设计，侧重于对内容进行结构性地剖析，从而实现整体教学内容的系统化，并将其与主体、活动和媒体等因素相关联，从而对思想政治教育工作进行划分，明确单个的微内容。每一项微内容都是系统的、整体的。

（二）结构开放，方便扩充

微思政在内容上是比较独立的，但是因为它的内容比较小，往往需要进一步的相关内容关联和补充，所以，微内容要具备开放性、生成性、交互性、动态性的特性。当代大学生具有变化快速的思想、强烈的个体意识、主体性和多样性的观点。他们的想法和情感并不一定能真正地体现在课堂上，也不一定会在与教师的交流中表现出来，但很有可能就体现在他们平时喜欢的微信圈、各个空间、社交平台上。微媒体的出现，让学生可以尽情地发表自己的想法，也正因为如此，会引发共鸣。

在网络碎片中所反映的细微情感，恰好包含着当代大学生思想中的潜流，抓住这种潜流，有利于思想政治教育工作者更好地把握和理解情况，积极引导大学生。所以，思想政治教育工作者要善于利用互联网来接近、了解大学生，从他们在网络上传递的一些文字、照片和视频等来挖掘他们所隐藏的思想意识和心理动机，然后将这些发现导入到学校的思想政治教育课堂中，与学生进行讨论和辨析，形成网上网下的互动，这样的教学效果，要远远超过单纯的说教。

二、开发与应用路径

（一）通过"微现象"，发现"微问题"

问题的发现过程常常是一个增强意识的过程，同时也是一个反映思想政治教育工作者能力的过程。微思政教师要注意学生学习、生活中的"小现象"，在这些"小现象"里，捕捉到学生在思想学习、生活上"易被忽略的环节"，提取问题，对问题的成因进行剖析，从而快速地解决问题，提高学生的道德素质。

比如，上课时不动脑、不动笔、不动手等；在日常生活中，没有经过许可就私自拿走他人财物；在寝室休息时间内制造噪音及其他问题；感情方面遇到的困难；个人与群体之间关系中自私和冷漠等问题。从一定意义上讲，上述"小现象"和"小问题"都是思想政治教育工作的"长尾问题"，因此，思想政治教育工作者应结合学生的具体状况，对有关数据进行收集、整理，对问题的成因进行分析、判定，在此基础上，制定微思政开展的具体工作措施。

（二）搭载"微组织"，成就"微平台"

改变传统的组织形态，构建"微组织"，是实现微媒体环境下的微思政的关键环节。要实现这一目标,就要构建适合于"微思政"的微型化组织,为高校实施微思政工作提供坚实的组织保障。例如,以班级为基本单元,可以成立各种小型社团。在组织运行中,把学校的常规制度衍生为各微型组织的组织章程,把重大的校园活动转变成由各微型组织自主开发的经常性的活动。而且,这种学生的组织具有动态性,即使是小组成员之间也能相互交换、相互借用,适时地分享快乐体验,发挥微思政中的"长尾"力量。

拓展渠道,创建"顺畅的交互渠道与平台",是新媒体环境下成功开展微思政的着力点。在新媒体条件下,借助多种信息化教学平台,可以使长尾理论所倡导的"顺畅的交互渠道与平台"成为可能。例如,微博个性化传播方式、社会化的联合方式、便携式的体验方式,为长尾理论在微思政中的应用提供了有力的技术支撑。在微思政所开展的专题教育活动中,就可以把专题教育的相关内容制成各种视听资料,上传到网上,供学生自行定制和下载。它有利于打破时空的限制,增加受教育过程的自由性与弹性。在教育博客上,微思政人员可以利用标签技术和简单聚合技术等方法,引导学生针对一个话题或者一个专题开展问答、交流,也可以加入评论和话题讨论,从而达到博客共享的目的,做到各尽所能、教学相长。

"微平台"的创建是一次新的探索,但应注意的是:在教学定位上,要适应不同学生的个性特征和发展方向;在教育设置上,应认真构筑面向学生的"微型"专题教育体系,以满足学生的多样化选择,也要完成不同需求下的微思政体验,加强对高校学生的自我道德约束。

(三)开发"微产品",实现"微体验"

1. 开发"微产品",精心设计好"微内容"

"微内容"是相对于传统媒体中的宏内容而言的,具有可以无限生产、无限传播的特点。换句话说,这是相对于传统媒介中大制作、重要内容来说的,在一定程度上,所谓"最小的独立的内容数据",即互联网用户所生产的任何数据都是"微内容"。通常,对传统思政内容进行规范化和系统性的建设,都是一个大型的工程。而微思政治教育内容较为零散、细微，但其更侧重于长尾效应。

与传统思想政治教育以工程方式完成相比，微思政是以内容实现。比如，在形式上，现在最常用的是图片、音频、各类微成品等，它的教育内容，往往以融入一张照片、一个音视频文件来展现，大多的教育内容都是通过微博、微电影等方式呈现出来的。针对这一现状，微思政工作者要下大功夫对现有的学校思想政治教育内容进行加工、锻造，让其与各类思政形式相适应，并为受教育者所接受。

2. 打造"微活动"，激发学生活力

与传统的课堂主要渠道不同，从基层开展的各类校园文化活动明显是长尾理论中的"尾部"，丰富多彩的校园文化活动既可以充实校园生活，又可以培养学生的心智，提高他们的综合素质。但也不能否定，在当前的学校中，特别是高校中，在任何一种活动中的积极分子并不多。这就需要将大部分的大学生有没有获得综合素质的锻炼、有没有形成高尚品德，作为决定活动成败的关键。

要把"微活动"做好，目前要做好三个环节：第一，在活动的组织上，要重视大学生的主体地位，要立足于"以学生为本"的工作思想，一切以学生的需求为出发点，认真谋划，充实并增强力量，根据不同学生发展的特点，积极开展合适的"微活动"；第二是在活动方式上，要有选择性地把难度降下来，多办些包容性强、门槛低的活动，拓宽参与范围，尽量让更多的学生参加；第三是在活动内容的设置上要有一定的包容性，注重对学生多元化的需求进行研究，对于一些不为大多数人所认可或参与范围较小的活动进行研究，要对其进行适当的引导与整合，提高学生对学校的认同感与主人翁意识，使思想政治教育无微不至的关怀得到充分体现。

（四）关注个性化，践行"微思政"

1. 要确立微思政中的个性化新理念

（1）平等的理念。要尊重学生的个性发展，防止千篇一律的教育方式，要充分考虑到学生的意愿，在引导他们个性发展的过程中，要注意用真实的典型事例、榜样的激励，促进学生完善人格。

(2) 服务的理念。需要高校微思政工作者结合学生实际，有针对性地进行教育活动。要注意结合学生的创新性培养，加强学生自主性的发展。

(3) 包容的理念。微思政工作者要克服主观因素影响，对每个学生都做到平等对待，真正做到关怀、包容每位学生，从而实现与包容理念的有机结合。

(4) 引导的理念。在网上进行个性化的虚拟实践活动时，应充分发挥好教师的"引导"作用，使大学生逐步养成正确的思想观念、政治观点和道德行为。

2. 要关注并引领学生个性化需求的差异性

(1) 要对受教育者需求的差异性进行细分。要构建学生的信息档案，对学生的个性需要进行深入的研究，在对其进行共性教育的前提下，通过提供差异化的"微思政产品"，实现差异化的引导与教育，从而获得大学生的认可。由于性别、年龄等因素的影响，学生在各个时期的需要层次是不相同的，这使得大学生做出正确判断和选择的个性需求，并不是通过调查和价值猜测就能够发现的。教育工作者应该从学生的角度出发，认真地去看、去分析、去思考他们的潜在真实需要，重视学生的层次性需要，有针对性地找准需要影响的学生。

(2) 要树立关爱不同层次大学生的思想动态和行为习惯的观念。从战略上讲，要以科学的价值观念和正确的审美情趣为导向，引导其个性需求，在充分利用"头部"聚合作用的同时，注重对各个层面学生的个性化需求进行细化。

(3) 要积极引导不同层次的大学生学会体验。在策略上，要引导学生把自己对各种非主流文化的认识讲出来，引发讨论，从自己、他人、社会各个层面的故事中，体会什么是道德，进而建立起正确的价值观。

3. 要实现微思政方法多样化

(1) 建立综合性的微思政信息库，提供全面的微思政个性化信息。所谓综合型的微思政信息库，就是它不仅包含了网络思想教育信息、网络政治教育信息，而且还包含了网络心理健康教育信息、网络法制教育信息等

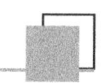

方面的信息库模式①。构建这样的信息库，旨在增强微思政信息的渗透力，更好地满足学生的个性化需要。

（2）构建个性化的微思政交流平台，实现个体交流。要从学生的兴趣爱好和心理问题等出发，对其进行分类，并建立与之对应的网络思想道德教育网站或专栏，让这种"小平台"成为满足大学生个性化需要的一种特殊形式。

（3）融入学生网络生活，关注学生的思想动态和心理变化。要使微思政的内容、过程与学生的生活实际相联系。力求将微思政的过程转变为促进学生全面发展的过程。

4. 要构建微思政工作个性化教育评价机制

构建一套科学有效的个性化微思政评价体系，应突出时代性、竞争性、针对性、实践性，以学生在微思政过程中的实际情况为依据，设计多层次、弹性的目标体系，不仅要充分考虑微思政工作的导向作用和激励功能，还要体现出学生在微思政工作中的具体差异和个性特征，让微思政工作教育评价更加人性化和个性化，从而更好地发挥微思政的效应。

---

① 季海菊. 新媒体时代高校思想政治教育的解构与重塑［M］. 南京：东南大学出版社，2014.

第六章

微媒体时代高校思想政治教育的路径创新

第一节 有效利用网络教学平台

一、网络教学平台的起步与发展

在国外，最早的网络教学平台 WebCT，是加拿大不列颠哥伦比亚大学的计算机科学系，为高校开发的课程传递及管理系统，而后，美国的 Blackboard、澳大利亚 Moodle 等平台，推动了网络学习的数字化环境建设，它们在全球范围内拥有相当庞大的用户群。国内的网络教学平台出现于 20 世纪 90 年代中期，其最早的形态是由一些教育机构和商业机构自行研发的教学系统。"4A 网络教学平台"于 2000 年研发成功，这是我国最早开发成熟的网络教学平台，国内也有不少高校采用了清华教育在线、上海卓越课程中心等。

目前，国内各高校教学广泛使用网络教学平台。从平台的类型上来看，可分为四大类：第一类是美国的 Blackboard 在线教学管理平台；第二类是诸如 Moodle 等的开源软件，用户可以根据自身实际，改造软件源代码；第三类是国内机构所研发的商业化平台，如，4A 网络教学平台、上海卓越课程中心等；第四类是某些高校根据自身需要开发，只在本校范围内使用的教学平台。

长期以来，国内外研究者一直在探讨和思考网络教育平台的功能问题。"4A 平台"的研发者余胜泉提出，完善的网络教学平台应当包括四个系统：网上教学支持系统、网上教务管理系统、网上课程开发工具、网上教学资源管理系统[①]。在课程教学中，这些系统的功能主要是教学管理、资源管理、交流互动等。例如，Blackboard 的系统包括教学管理平台、资源管理平台、门户社区平台。当前，国内高校网络教学平台也主要集中在教学资源管理、教学过程管理、师生交流互动等方面，构成了较为完整的网络教学支持环境。随着网络教学平台的发展，传统的高校教学模式发生了巨大的变化。

首先是推动了教学模式的转变。网络教学平台，打破了传统封闭式的教育环境，对受限的教育空间进行了扩展，构建了更加开放、更加多元的教学和学习环境，使得现代化的教学理念易于贯彻。网络平台的使用，使师生之间的联系更加便利，学生能更好地参加教学活动。提高了学生的学习积极性和主动性，从而使以"教"为主的传统教学模式转变为以"学"为主的教学模式，由此形成了互动式教学、研究性教学。

其次是推动了教学方法和手段的改革，在传统的教学模式下，以教师的单向讲授为主要手段。借助网络平台，教师可以运用情景设计、讨论交流等新教学方法，充分利用丰富的教学材料，借助图文、音像、学生作品展示等形式，使课堂更加灵活、生动。相比传统教学，网络平台还大大加强了教学的交互性。利用讨论区、留言板等，教师能强调课堂教学中的重难点，还可以在线上为学生答疑、进行个别指导，也能开展主题讨论，使更多的学生参与其中，从而形成师生共同探讨，这样同步教学与异步教学相结合，实体课堂和虚拟平台相结合，促进了教学方式的持续改进。

再次，发展新型考核评价体系。网络平台的应用使考核评价更加及

[①] 余胜泉，何克抗. 网络教学平台的体系结构与功能 [J]. 北京：中国电化教育，2001 (08)：60-63.

时、客观。利用网络信息反馈，能让教师及时发现教学中的问题，迅速调整教学计划。教师也可以利用平台系统，有针对性地了解成绩情况，例如，教师可以重点了解某个学生的作业、测试成绩，也可以对某个小组、某个班级的成绩进行宏观考察，在这些数据的基础上进行比较、分析和统计，从而对学生的学习情况有更加直观和全面的了解。当前网络平台能够记录下学生的学业进度和学习时间，还可以将学生的课堂测验、学习心得、讨论情况等记录下来，这些都会被记录在学生的数据库中，这种情况下的评价将更具客观性。

最后，教学资源库的建设与共享。作为网络平台的一个重要组成部分，教学资源库既能为教师提供授课所需的信息资源和辅助材料，又能让学生的个性化需要得到满足，帮助学生开展自主学习和研究性学习。一些学者认为，完整的教学资源库应该包括课程素材、课件与网络课件、文献资源、资源目录索引等。在现代化的网络技术支持下，这些资料可以不断累积，日趋完善，最后形成成熟的资料库，为某一课程服务，同时，还能实现横向共享，使更多的教师和学生都能从中获益。

近年来，网络教学平台的构建呈现出与数字校园其他系统整合、资源中心整合的趋向。"精品课程"是构建数字化校园的重要内容之一，许多高校纷纷开设了相应的网络平台，有的将其作为教学资源放在了学校主页中。"精品课程"的链接，为教师授课时使用这些网络教学资源提供了便利。网络教学平台还能实现与大型资料库的资源共享。例如，国家精品课程资源网通过建设视频专区、资源中心等平台模块，成为我国涵盖学科专业最齐全、课程资源数量最丰富的教学资源库。近年来，严肃游戏和慕课等也被纳入了教学资源库中，使得网络教学平台的内容更加充实。

二、网络教学平台与高校思想政治教育教学

（一）有助于开展隐性思想政治教育

网络平台应用中的承载特点、隐蔽性等，与隐性思想政治教育的特征具有一致性。相对于传统课程载体而言，网络教学平台可以承载和运行大

量的信息，同时还包括了符合青年学生阅读习惯的文字、图片和视频等可视化内容，让他们能够在主动浏览信息的过程中，潜移默化地接受这些信息所蕴含的思想观念。网络平台为教师和学生之间的互动创造了良好的条件，通过这种方式，可以降低学生的抵触心理，教师可以更好地把握学生思想动向，帮助大学生走出思想误区，推动大学生健康发展。并且，网络互动方便匿名交流，符合隐性思想政治教育的隐蔽性特征，学生可以匿名与教师进行沟通，运用网络的虚拟特性，隐藏自己的真实身份，这样更能让学生敞开心扉，在开放的探讨中，加深对生活和世界的认识，充分发挥隐性思想政治教育的作用。

（二）有助于学生交互学习和体现教师主导地位

尽管网络平台教育提倡学生自主学习和参与。但是，在思想政治理论课教学中，也应该重视教师的主导作用。教师要多留意讨论区和留言板，并有针对性地设计和组织主题讨论活动，以提高学生的参与积极性。与此同时，教师要跟进后续，针对不同观点作出适当回应。在必要的情况下，也可以把一些有代表意义的观点引入到课堂教学中，进行系统性的评论和剖析，解决学生们思想上的困惑，帮助他们形成正确的"三观"。

（三）网络教学资料应兼具知识性与思想性

相对于普通的专业课而言，高校思想政治理论课的网络教学平台还要发挥引领校园思潮、塑造学生人生观的作用，而不仅仅是知识的传授和学术的传承。在教学资料的选用上，应突出主题，弘扬社会主流价值，坚持时代性、针对性和客观性的统一。网络资源能够实时更新，教师应该将当前学术理论研究方面的最新成果加以吸收，以新认识和新观点丰富教学资源。思想政治理论课注重理论联系实践，教师要根据实际生活中出现的热点事件，搜集有关的资料，把这些资料纳入教育资源之中，然后进行客观分析，给予学生正确的分析问题的方法，矫正学生不良认知，让他们在思考中成长。教师也要注意提供符合或偏离主流价值观的资料，从正面和反面进行分析，客观地鉴别，辨清是非，得出正确的结论。

(四) 协同推进相关课程资源库的建设

目前，我国大部分高校的思想政治理论课采用的是统一的教学大纲、统编教材，这为实现网络教学资源的共享创造了条件。在构建思想政治理论课程的网络教学平台过程中，已经形成了三级教学资源库。

第一级是教师个人资源库，教师通过学校网络平台，在教学过程中不断积累各种形式的素材，从平时所用的课件讲稿到图片和视频集锦等，构建了自己的资源库。这些电子化和网络化的资源是可以共享的，可以为教师授课、学生学习提供服务。

第二级是组群资源库，针对高校思想政治理论课由多名教师负责教学实际的形式，将个人教学资源综合整理，形成组群资源库。教师可以按自己的需要从组群库中下载资源，既可以充实个人的资源库，又可以把个人资源上传至课程组群资源库。组群资源库，即所有人一起建设、共享的。

第三级是跨部门资源库，在学校内部，积极推动教学资源库和数字校园的其他系统的整合，甚至与其他高校思想政治理论课程资源进行整合、共享。教育部近年来大力推进的"高校思想政治理论课程网站共建团队"项目就是其中的典型案例。对于四门本科学生的必修课程，这些团队将为其提供正确的观点、丰富的内容、多样的方法、具有较高可操作性的教学基本方案；提交一系列图文、音频、flash 动画等为主要载体的教学资源。同时，还将通过相关网站，面向高校思想政治理论课教师，实现优质资源互惠共享。

(五) 整合数字校园系统，实现日常思政教育与思政理论教学的有效配合

在建设跨部门资源库的时候，要注意在学校内部实现对教学资源库和数字校园其他系统的有效整合，例如，与学校宣传部、校教务处等部门的工作平台和信息资源库进行联合共建，通过这种方式，任课教师能够全面了解学生的基本情况、日常表现等，从而对他们进行因材施教。同时，学院、工会、团委部门也可以及时掌握学生的学习情况，从而实现思政教育

教学与学生日常管理、教学管理的协同。

目前，网络教学平台应用思想政治理论课教学过程中仍有需要完善的方面，例如，部分高校思想政治理论课教师还需进一步掌握新媒体技术，熟练使用网络平台；因为构建网络平台不是一蹴而就的，不仅需要不断进行更新，还需要教师付出大量精力和时间，及时跟进现有的教学评价体系；此外，网络技术服务于教学的水平也有待提高。不过，总体而言，网络教学平台已是高校思想政治理论课教学必不可少的基本条件，它已成为教学实践中重要的组成部分。

第二节 基于微博的思想政治理论课动态交互平台

一、微博概述

微博的技术理念来自美国的 Twitter，Twitter 是 Obvious 公司的互联网产品。在不列颠百科全书中，对于 Twitter 的权威解释是：Twitter 就是一种小型的博客服务，通过个人电脑或手机，在群组受众之间发布一些简短的信息。该产品吸收了社交网络站点的即时消息传递技术，实现了用户可以随时通过短信息或"tweets（原意为小鸟短促高昂的叫声，在此比喻为用户发出的信息）"交流，构建了个人的社交网络。当使用者将一条 tweet 上传至 Twitter 服务器上时，这条 tweet 就可以推送到平台上，每位使用者都能看到 tweet 内容。tweets 可以通过纯文本方式发送到手机上，也能以即时消息的方式发送到个人电脑上。另外，使用者也可以对所关心的特定话题进行追踪，形成话题圈，使得关注人数增长。Twitter 的内容多样，不管是笑话还是新闻都可以成为 tweets，但有一定的字数限制。

中国内地紧随 Twitter 而来的有饭否网、叽歪网等等，2009 年，新浪网正式推出"新浪微博"，掀起了微博浪潮，此后，网易、腾讯等各大门户网站相继上线了微博产品，开启了微博时代。传媒学者喻国明对中国微博做出了如下界定：微博就是一个微型的博客，通过有线和无线互联网络终端向他人发送短信息，与他人共享的即时信息网络，因为每次更新的信息通常有字符限制，所以称为"微"。前谷歌和微软的副总裁李开复认为，微博是有一定字符限制的微型博客，能够表达自己、传播思想、吸引关注，与人交流最快、最方便的网络传播平台。

在众多微媒体中，微博有着超群的魅力。新浪作为中国最大的微博服务平台，从2009年8月份开始，新浪微博就一直处于爆发式发展状态，用户在手机和平板电脑等移动终端上的微博使用量，将会超过电脑上的微博使用量，并且这种趋势将会随着时间的推移而越来越明显。在大学校园中，微博本身的特性和独特的传播形态，使得其受到了大学生的青睐，并在使用数量上呈现出爆发性增长的态势。在信息传播方面，微博有着其他媒体无法替代的特性。

（一）信息发布的瞬时性

多元化的客户端保障了微博用户页面信息的即时性，与手机的紧密结合更强化了这种特性。手机和微博的结合方式主要有：手机短信和彩信、WAP版网络、手机客户端。不管是哪种方式，微博可以说是"随时、随地、随性"的媒体。信息发布者可以在不经历传统博客网站和视频网站的审核等待的情况下，迅速发布图文、视频等。关注者可以通过刷新自己关注的对象的更新内容，实现即时信息传播和再传播。微博的"转发"功能，更是让信息的阅读、接受和传播变得畅通无阻。可以说，微博发布的瞬时性使其成为国内新媒体的"快捷之最"。

（二）信息共享的非私密性

微博是一种开放的信息平台，只要注册即可，除此之外，没有其他信息的接入限制。用户在微博客上发布的信息、与用户的互动都是公开的。如果要知道某一段时间内，微博用户的热议话题、对某一件事情的看法，甚至是某个人的受关注热度，都可以通过进入微博来获取。设定"关注"后，所关注的用户信息就会持续地被推送出去，变成稳定、高效的信息来源。

从信息共享层面上来看,微博和 SNS 网站(如,人人网)是有区别的。后者更具有个人色彩,不管是情绪感受,还是日常小事,都在一定的范围当中传播,是以人际关系为基础的共享,有一定的门槛和条件。例如,人人网用户发布文章后,经过朋友转发分享,更多的人能够通过好友的节点看见这篇文章,但 SNS 本身的隐私设置,是传播中的主要影响因素,也就是说这篇文章的传播范围实际上只有该用户的好友以及好友的好友。如果用户没有设置隐私范围,那么因为 SNS 用户关系圈的限制,即便是有人转发分享,也多会限于好友圈重叠度较高的朋友中。而微博就比较开放,私密性比较小。

(三)信息传播的"核分裂"性

微博用户只要发布状态,所有关注他的人都能看到动态,这种一对多扇形传播,在新媒体中已经非常普遍了。但微博本身的独特性是在后续的传播过程中,还会生成多对多的 N 次传播,理论上来说可以直至无限。即微博的传播方式是裂变式传播。例如,某一明星有七百万条微博关注者,他发布的每一条微博都能被这七百万人所看到,并且可以随意在微博内容下评论或转发。事实上,每一位关注者也都有自己的粉丝,他们还可以继续评论或转发该明星的微博,这样,多中心的传播经过多次传递,就会形成叠加式的传播。能有微博这种惊人传播效果的新媒体在国内并不多。

二、思想政治教育之微博应用的研究现状

(一)"机遇"研究

众多研究均注意到了微博为高校思想政治教育带来的机遇。研究人员认为,在高校思想政治教育中引入微博,有助于师生之间进行平等的交流,有助于提高思想政治教育的时效性,有助于维系思想政治教育的情感联系,有助于形成寓教于乐的良好氛围。微博打破了师生之间的现实生活心理边界,教师与学生可以通过微博,以平等身份自由地表达自己的思

想，站在学生的立场上，这样的平等交流，更易于取得良好的教学成效。微博拓宽了思想政治教育的时空覆盖面，强化了教育的针对性和时效性。微博的草根属性、低门槛的操作等，丰富了传播分享模式，使得教育双方能够在愉悦的氛围中，更容易建立起情感联系。

也有学者指出，利用微博可以扩大学生工作的覆盖面，建立和谐的师生关系，规范学生的行为。一些学者则从学生工作的视角，指出微博能促进思想政治工作改善，例如，有利于促进师生之间的平等互动，有利于深入了解学生群体的社会心理。在关注微博本身特征的同时，大部分研究都将微博与大学生思想政治教育相结合，例如，微博可以满足大学生个性发展、情感发展的需要。上述研究，均从积极的方面对微博在高校思想政治教育中的作用进行了肯定，并指出了将微博引入高校思想政治理论课教学的可行性和必要性。

(二)"挑战"研究

由于微博的便捷快速特点，教育者接收的信息更有可能在比受教育者少或者迟，教育者面临着失去宣传、解释等优势的挑战。当教师不再享有优先占有教育资源优势的情况下，用怎样的教育内容来应对拥有海量信息的学生，就成为新时期教师的新课题。例如，信息内容的多元化对舆论环境构成的严峻挑战、互动的信息交流为思想引导增加了难度，如，微博的信息量大且内容杂，容易出现与社会主流思想相悖的不良信息内容，这些内容容易误导大学生，使其形成错误的人生观，影响着学校所构建的思想政治教育体制。此外，微博的便捷、快速、即时等特点，极大地传递了一种快生活，使得传统思想政治教育方式难以满足大学生的需要。

(三) 策略研究

在机遇与挑战并存的形式下，一些研究者探讨了微博的应用策略，也就是怎样更好地将微博和高校思想政治教育结合起来。比如，通过微博将学生的生活联系起来，建立起师生之间的交流平台，通过微博收集大学生的热点舆论信息，通过微博来对学生的精神世界进行关怀。例如，进行媒体素养教育，打造良好的网络育人环境；高校的微博（包括官方微博和教师的个人微博）内容需要更丰富，教师的微博要注重运用自己的人格魅力，来吸引学生，微博内容应具有原创性。尽管各种方式和手段不尽相同，但是，当前高校思想政治教育工作者试图通过微博来开展教育的趋势是显著的。

三、微博有待深入研究的问题

（一）微博应用中信息"多元化"是个伪命题，信息同构化才是真问题

在对微博教学功能的认识过程中，很多学者都认同微博平台信息"多元化"这一观点，相关文章中经常会出现的判断与论述：微博时代，信息呈爆炸式增长；高校思想政治教育工作者很难扮演好信息污染的"把关人"角色，减少破坏大学生思政教育系统稳定的影响因素，等等。

这些论述与判断，从某种程度上来说，体现出了微博在高校思想政治理论课程应用中的困境，但深入研究微博特性以及实际应用，可以发现，大学生的信息来源具有明显的同构化倾向。这里的同构化即大学生在微博中所关注具体对象的相似性，其所关注对象的类别大多比较单一。当前大部分学生关注的对象可以分为两种，一种是加"V"的（经过官方认证的），另一种是不加"V"的（没有经过官方认证的），加"V"的大多是一些文体明星，没有加"V"的大多是自己的亲朋、教师等[1]。可以看出，不管网络信息有多么丰富和复杂，当大学生登录自己的微博之后，所能见到的大多为自己关注的明星动态和亲朋好友的状态。

凯斯·R·桑斯坦在其著作《信息乌托邦》中将这种现象形容为"信息茧房"，即个人的信息领域会受到自身的兴趣所影响，将自己的视野限制在"茧房"里。网络的开放性让人们能更容易发现与自己相似，或与自

---

[1] 王永亮，张倩倩，李莹. 新视阈下的高校思想政治教育研究［M］. 北京：中国华侨出版社，2021.

己价值观相似的人。同理，在微博时代，人们也可以自由地从大量的信息中挑选和关注自己感兴趣的内容，这个过程就像是为自己量身定做"个人日报"一样，"个人日报"的信息选择模式就会造成"信息茧房"。梁文道指出，在互联网时代，微博、Facebook 等工具会带来一些问题与改变，就像是那些习惯了用 Facebook 的人，可能很少关注 Facebook 新闻，他所看到的新闻，大多是好友分享或发布的，渐渐地，他的价值观和理念与朋友就越来越相似，在政治讨论中就会慢慢不接受相悖的意见。

因此，认为微博应用受到了信息多元化的冲击这一判断，实际上是一种表象，现实中，思政教育工作者真正需要正视并加以解决的，应是受教育者信息同构的问题。

（二）"微博依赖症"深层原因是渴望表达，思政教育方法应有所改变

有些教育者担忧，一旦将微博应用到高校思想政治理论课中，学生就会沉迷于微博，就像沉迷于网络游戏一样，从而影响到真正的课堂教学。也有学者认为，微博的便利性和交互性也会造成某些问题，例如，有些学生经常使用微博，自我控制能力又不强，从而产生了"微博依赖症"。这些担忧都有一定的道理。但事实上，若继续追问：微博到底为何能让学生如此着迷，那么上述担忧的解决办法就会浮现。

对于学生来说，微博最能引起他们兴趣的就是"表达"。能否提供充分的表达机会是人们对微博着迷的主要原因。并且微博有着匿名性的特点，其平台是开放的，浏览时不会留下访问痕迹，能让使用者更自由地发表言论。

尽管大学生很喜欢表达，但是他们在微博上的表达方式却不尽相同，在他们当中，发表自己的原创微博的人数并不多，但值得关注的是，大多数学生在上课时发布的微博内容多与课堂有关。有的表达内容是听不懂讲授内容的焦虑、有的是抱怨课程设置不合理，等等。多数大学生表达自我的方式更倾向于转发或评论他人微博。事实上，转发本身就是一种态度，从学生选择转发的内容和评论的内容来展开分析，也能看出学生的强烈表

达欲。有些人喜欢发一些看上去毫无"营养"的星座内容，但这也是体现学生自我认知的一种方式，学生会根据自己的星座性格描述，反复审视自己的性格，如果认可了这些描述内容，就会通过转发的形式表达出来。通过分析高校思政理论课微博应用中的"微博依赖症"，可以发现，这种现象的背后，隐藏着一种强烈的表达和交流欲望，如果在教学中给予学生充分的表达和交流机会，这个问题就有望得到解决。

（三）微博应用教学的研究中，需要加强可操作的指导性和策略性研究

已有的研究多为描述性研究、总结性研究，可操作的指导性、策略性研究不多。例如，若仅把研究局限于微博应用利弊的简单思维模式，分裂论述其应用的优势和劣势，最后概括为"取其精华去其糟粕"的结论，而回答分辨"精华"和"糟粕"的方法，以及"取"和"去"方法的研究不多。微博为高校思政理论教学带来了机遇与挑战不可否认，但当前的任务应当是研究怎样将挑战转化为机遇。

四、微博应用的可行性策略

（一）"注册"功能：开通认证教学微博

为教学建立专用账号，并尽可能申请微博的官方认证。正如前面所提到的那样，学生一般习惯于关注两种类型的微博账号，一种是认识的人，包括好友、熟人等，如果自己的任课教师开通微博，学生也会非常乐意关注。因为微博并不会暴露真实姓名，所以学生会很积极地关注。另一种是被新浪官方认证的微博账号，在学生心中，加"V"的账号都是一种媒体权威的象征，符合传统信息接收心理。所以，开通认证教学微博，能兼顾以上两种关注需求。

（二）"关注"功能：积极回应学生的关注

一旦有人关注教学微博，就会出现有新粉丝的系统提示消息。这时教

师应及时去对方主页了解其基本信息，如果可以确定是学生，可以立刻点击关注。以此来表示教学微博并非发布信息的单向平台，更是教师和学生之间增进了解的互动平台。另外，在加"V"的教师关注下，学生会感到被重视，在发言时也会比较认真。当然，也有一些不愿意被教师关注的学生，在这种情况下，他们通常会主动请求教师取消关注，教师取消关注即可。

（三）"发微博"功能：充分利用微博的媒体特点

1. 利用微博的信息发布瞬时性特点，巧妙把握微博更新的时间节点

由于大学生们使用手机上微博十分便捷，他们基本上每日都会登录微博，所以在恰当的时机更新微博是很重要的。需要学生预先阅读的资料，如是比较长或者比较难的，可以在课前一周的周末发布。提醒学生交作业的微博最好是提前一天发布。在课堂中提到的补充资料，在上课结束之后，最好是当天发布。

2. 利用微博的多媒体功能，将图文、视频结合起来发布

实际上，有配图的微博点击率要更高，因为图片或视频更能引起学生的兴趣。

3. 以原创为主

虽然转发也能体现一定的态度，但是作为教学微博，还是应该以原创为主。通过发布原创微博，既展示了自己的创造能力、独立思考能力、文字表达能力，又能很好地给学生做示范。原创微博的内容应该主要针对教学和学生，可以表达对于课堂讨论问题的看法，可以归纳课程的成效，可以记录学生上课时的课堂表现，并可链接课堂资料。如果在课程开始的数日之前，针对学生提交的作业发布提示，学生在看到这条微博之后，就可以及时修正。还可以把教学中的趣事和精彩片段记录下来。教学微博也可以发布一些教学外围内容，但应以促进教师和学生的理解、沟通为前提。

（四）"评论"和"转发"功能：关注学生的表达

为了更好地提升教学效率，教师不需要每日都要去看每个粉丝的微

博，可以利用"分组"功能来对所关注的学生进行分类，并对他们的动向进行选择性地跟踪。教师把学生按班级分组，集中关注正在修课学生的微博动态。假如最近有学生需要特别帮助，则可以将其放在"特别关注"组中，时常留意其微博。学生是看不到教师的分组的，操作也非常简单。

基于以上浏览技巧，教师可以有针对性地进行评论。大部分学生很乐意看到教师的评论，并且乐于和教师互动。有时一条具有强烈共鸣的微博，可以得到大量的评论和转发，其影响可见一斑。

"核裂变式"的信息传播效果是微博重要的特征，特别是在"转发"功能上，教师应充分发挥其作用，但教师要转发谁的微博，也有需要注意的方面。一方面，教师可以通过转发可靠的媒体官方微博或者加"V"名人的言论，改善学生的关注名单，一旦学生认可教师转发的微博，对此产生了兴趣，就会自然而然地去关注微博博主，他们的信息源结构就会逐渐发生变化。另一方面，教师可以转发学生的微博，增强学生的自信心，加深学生之间的了解和讨论。

（五）"@"功能：满足学生渴望被尊重的心理需求

微博用户发布"@+用户昵称"的信息时，被@的对方可以即时看到这条信息，并回复。所有@某人的信息都会汇总在消息中"@我的"模块里，用户可以点击浏览。教师可以充分利用此功能，满足学生被发现、被接受和被尊重的心理需求。如果教师在一条微博中用@的方式当众表扬某些学生，既能吸引被@学生的注意，又能在学生中树立好榜样。此外，学生也可以通过@功能引起教师的注意。

（六）"私信"功能：师生深度的私密沟通

私信功能就像是QQ上的即时消息，但只有交流双方能看到内容，别人是看不到的。对于部分隐匿性谈话内容，或是对于学生的批评性、否定性意见，最好用私信的形式进行沟通，这样能最大程度地保护学生的自尊心。从某种程度上来说，教师和多少学生有过私下交流，就等于他和很多学生进行了私人的、规模不等的谈心。

微博也是一种新型的日常思政教育途径。辅导员通过微博，可以拓宽与学生沟通的渠道，形成新的师生关系，引导舆论风气，营造健康的校园文化，树立正确的导向。通过合理运用微博，辅导员成为学生健康成长的朋友和人生导师，为维持校园、社会的稳定，促进高等教育事业的发展，起到积极的推动作用。一些高校辅导员培训活动中，也会加入微博培训内容，通过学习微博使用技巧，让更多的辅导员了解、使用、爱上微博，从而提高思想政治教育的效果，更好地促进学生成长。

第三节 "严肃游戏"的思想政治教育模式

当今高校教育普遍存在着一个共同的问题，那就是教师如何在数字化环境下，通过什么手段来吸引学生，提高教学的效果。在新媒体时代，数字网络的使用者通常是"数字原住民"，其行为和认知模式都深受新媒体的影响。在现实生活中，学生通过模拟来仿真各种复杂的社会关系，而这种以社会分层和社会关系为仿真对象的复杂系统，就是严肃游戏发展的一个基本方向。

严肃游戏，是基于电脑技术的一种视频游戏，它有着各种各样的风格，运用了视频娱乐游戏的技术和表现手段、娱乐体验等表现形式，实现对用户的训练、教育或治疗。严肃游戏与一般的娱乐游戏不同，是利用娱乐游戏的外观和感觉，来实现对实际事件或过程的仿真模拟，让用户能够感受到因为安全、时间等原因而无法在真实生活中体验的情境，在娱乐氛围中获得专业的信息。全球首款设计精良、运作成功的严肃游戏是2002年美国陆军开发的《美国陆军》游戏。伍德罗·威尔逊国际学者中心于2003启动了严肃游戏计划，致力于将"严肃游戏"发展成为有组织的产业，用于解决诸如教育、国防等各种领域的问题，学界也开展了大量的研究。我国在2009年12月举办的"第一届严肃游戏（创新）峰会"上首次提出严肃游戏的概念。严肃游戏是一种新兴的教育和学习工具，发展态势迅猛，被人们视为下一个技术媒介的学习革命。

严肃游戏是高校思想政治理论教学的一种有效辅助手段。它的隐蔽性、节约便利性等特点，符合新思想政治教育的要求。目前，在我国，对于严肃游戏的运用与开发还处于发展阶段，国外的教育培训领域中，已经把严肃游戏运用到了实践教学模式之中，严肃游戏能模拟实践教学的这种特性，与高校思政理论教学在新媒体环境下加强实践教育、隐形教育的需求相符，国内高校思政教育使用中，最具代表性的是北京理工大学开发的《情商加油站》。这款《情商加油站》严肃游戏旨在将情商教育游戏化、形象化，达到寓教于乐的目的，将新媒体传播的优势发挥到极致，将语言、形象和文字的构建标签化、符号化，使学生对现实世界有更深刻的认识与理解，对人际社交情境进行了模拟，从而达到了增强思想政治理论课教学效果的目的。相比于传统教学方法，《情商加油站》具有体验性，能不受时间和空间限制，运用数字化智能辅助教学，让学生能更便捷地获取知识和咨询，用游戏的方式来传递思政理论课教学内容，让学生在不知不觉中接受思想政治教育。

严肃游戏的互动性和参与性都比较强，通过游戏对抗、情境体验等方式，使用户能够进行有效互动。通过设计严肃游戏的题材，可以引导受众形成健康的价值取向。

一、严肃游戏是一种体验文化

严肃游戏注重体验，并不一定要传递直接的信息和知识，更多的是在游戏时候的感受。对使用者而言，游戏体验不仅是感官上的，还有心理上的。大部分严肃游戏体验都是一种补偿性的体验，通常这些体验都是在真实世界里无法得到，或需要学习的。其中包含了挫折和价值引导、技能培训等等。正因为如此，许多玩家会沉迷于此类游戏，如《战地》系列游戏，让玩家在模拟的场景中体验战场情景、尝试指挥官系统，参与和熟悉现代战争的特点。

一个人选择什么类型的游戏，在游戏中选择什么角色，在一定程度上都是一种与自己的对话，是个体对于自我角色的设计，是通过游戏角色来实现自我认同和塑造的一个过程。在现实生活中，个体可能会选择扮演多种类型的游戏角色，这反映了个体的矛盾与冲突，严肃游戏能够更好地反映出个体的愿望、需要以及个体的自我。通过严肃游戏来模拟现实生活情景，使玩家树立集体主义和爱国主义精神的价值观是十分必要的。

严肃游戏，看似是一种虚拟的体验，但实际上，它反映了真实的社会。站在游戏设计者的角度上来说，他们开发游戏都是建立在对现实社会的认知基础上的，不管他们要做的是模拟现实还是还原现实的体验，在游戏的设计中，本就包含着一定的价值观，这些价值观又是来自现实世界，通过游戏情节、角色和规则得以体现的。

二、严肃游戏应用于隐性教育

全球化与互联网所带来的现代文明与文化的冲突，远超以往。媒介就是意识形态，而现代新媒体文化的飞速发展，使得意识形态的传播受到了新形势与新挑战，东西方文化碰撞的同时，我国文化也和外来文化相互交融、相互影响。随着国际社会对意识形态领域的推广和宣传日益重视，各种外来文化通过互联网和媒体对我国价值观提出了新的挑战。这是文明之间、文化之间的一场较量。中华民族伟大复兴除了要有强大的物质和军事保障外，还要有强大的文化支撑，以保障中华文明得以延续，民族得以生存。意识形态安全是我国目前的头等大事，强化各种新媒体的运用，以防范外来思想的渗透，以严肃游戏这种隐性的手段来强化和传播我国文化、意识形态，对于维护我国意识形态安全有着重要的意义。

（一）游戏教学在国外大学的应用

美国加州大学伯克利分校将曾在我国风靡一时的《三国杀》游戏列为一门选修课。这门课的译文是"探索三国：中国经典小说与'三国杀'桌游"，这门课程并非单纯让学生玩这款游戏，也不会仅以游戏结果作为评分的标准。这个课程最大的特点就是把中国历史知识和当代流行文化有机地融合在一起，可以通过游戏来加深对这方面知识的掌握。这门课程将重点介绍三国的相关历史，并将其与中国当前的流行文化结合起来，通过书本、游戏等来帮助学生掌握这段历史。因为《三国杀》可以让玩家体验到三国历史对中国流行游戏的重大影响，所以，授课老师会让学生以小组的形式在课堂上玩这个游戏。并且这门课程还可以算学分。这个游戏有很多高级玩法，涉及很多策略、计算概率、心理观察等等。它不仅是一种游戏，更像是思考策略的益智学习，其设计原理包括了博弈论和概率学等方面的知识，可以培养学生的逻辑思维能力、观察和分析能力以及团队合作能力。

事实上，并不只是伯克利大学将游戏列入高校选修课程，美国巴尔的摩大学的传媒设计学院也曾推出过"僵尸课"，以最大限度地拓展学生的创造性思维。还专门邀请了写过僵尸电影的作者阿诺德·布隆伯格来授课。这门课程的学习内容包括观看僵尸电影、阅读僵尸漫画等。在期末考试上，他们可以选择撰写僵尸剧本、绘制僵尸连环画。通过选修这门课程，可以接触到很多的学问，将并不存在的僵尸元素融入文学、传媒作品的创作中。

英国杜伦大学针对哈利·波特世界开设了专门的研究课程，并将其列为教育本科的选修课。该课程以罗琳所著的哈利·波特小说为背景，其研究内容包括各种仪式、友谊与团结以及社会理想公民等。课程设计者马丁·理查德森表示，越来越多的学生希望学习哈利·波特文献，是这门选修课产生的灵感来源。这门课程以哈利·波特系列故事为背景，在人文、社会背景研究中，探索一些基本的议题，例如，学校的道德经验体系等。

另外，芝加哥大学也开设了一门名为"文化深度研究之海盗面面观"的课程，这门课属于人类学范畴；南泰晤士学院开设了一门名为"高跟鞋"的课程，该课程主要是教女学生怎样穿高跟鞋走路。

（二）国产"仿真军事模拟游戏"《光荣使命》的开发

《光荣使命》是我国首款拥有自主知识产权的大型军事类游戏，其开发与应用是我国网络军事游戏方面的重大突破。该游戏很逼真，有较强的质感；并且该游戏涉及了丰富的军政知识，具有较强的娱乐性和教育性。

如今，随着互联网的发展，网络逐渐融入人们的日常生活中，热爱和使用网络已经成为一种潮流，上网打游戏也成了年轻人最喜欢的一种娱乐方式。在外国的某些军队，军事游戏经过多年的发展已经形成体系，并在教育和训练中得到了广泛应用。在网络信息技术的快速发展下，电子游戏已经逐渐成为广大青年官兵文化娱乐的现实需求。开发符合我国国情、具有自主知识产权的网络军事游戏，是适应信息时代发展潮流、丰富官兵精神文化生活的重要课题。

美国陆军开发的号称"史上最真实的军事模拟游戏"《DSTS》，可以通过模拟士兵投入实战的相关画面，使士兵能在虚拟的视频游戏环境中，训练适应天气和环境的能力，并熟练掌握小队控制和行动感应器，游戏中，参与模拟训练的人员将佩戴特制的头盔显示装置，开展更真实的实战模拟训练。每名士兵还要背负一个背包，在特定的空间展开训练，背包中有一台便携式电脑，可以模拟程序。

北京理工大学研发的游戏《情商加油站》，旨在把心理和人际社交训练融入严肃游戏，为大学生的情商培养开辟了一条全新的途径，既在教育方法创新上找到了突破点，又符合新媒体传播环境下，面向高校学生的复杂舆情引导和教育需求。

（三）数字仿真与严肃游戏

无论是从理论，还是从实践或根本上来说，仿真和游戏都是密不可分的。但仿真的内容要广泛得多，而且存在的时间也要更长，就拿武器研发来说，仿真是必不可少的。武器论证和研制中，其有效性需要经过仿真系统验证，其中就包括现代高精尖武器核武器和太空武器等。仿真技术在机械动力、通讯传输等研究领域有着广泛的应用。严肃游戏和仿真在基础研究领域有着高度的一致性，从数学模型到基本原理，相似现象到主动干预，存在诸多手段交叉点①。

仿真技术初期阶段在 1940 年—1960 年，从模拟仿真到混合仿真。伴

---

① 杨恭. 机遇 希望 挑战 [M]. 兰州：甘肃文化出版社，2017.

随着计算机技术的普及，1980年开始出现数字仿真技术。从2000年至今，以新媒体和互联网等技术为基础，出现了复杂系统的仿真。

复杂系统的模拟与仿真，源于实际需要，其发展经历了符号公式、模型系统和大—巨—超巨系统的发展，人们对世界的认知，如物质世界、信息世界，都可以通过仿真系统做到可视化和交互。仿真技术以解答自然科学的基本问题为目的，这些问题超越了人类现实生活的时空尺度，需要借助仿真技术模拟。仿真技术也被广泛用于物联网、社会平行系统。物联网通过智能感知、识别技术与普适计算、泛在网络的融合应用，被称为继计算机、互联网之后，世界信息产业发展的第三次浪潮。

智能校园体系是以物联网为基础的，也就是以新媒体为基础，促进校园信息化和智能化的平台。在新媒体时期，以传播特性为基础的转型使得社会媒体与社会运动之间的关联显著增强，新媒体平台不仅在改变着这种社会分层化的传统对话机制，同时，也提出了如动态网民群体和社会运动等相关的研究领域。可采用社会平行系统方法对动态网民群体进行研究，通过建模、计算实验等手段，开展分析评估，利用平行执行对其监控和管理。基于以上方法，对今后的社会计算与平行系统研究方向和方法进行探讨。通过采用复杂系统重仿真方法，对社会演化的可能影响进行预测。

基于建模与仿真理论的仿真科学与技术，通过计算机系统物理效应设备和仿真器，根据研究目标，构建和运行该模型，拟运用严肃游戏模仿复杂系统，注重将其应用于社会科学和教育领域，提升学生的认知能力和心理素养。

游戏是人类的本性，正如席勒所说，只有当人充分是人的时候，他才游戏；人唯有在游戏时，才是完整的人[1]。人们在游戏中学习和模仿，从而学会了行为。而且，游戏模式也在不断地改变。社交游戏是一种以新媒体技术和信息技术为基础的社交游戏，这类游戏中通常包含了很多的难题，比如内部结构复杂等。

---

[1] 李树岭. 电子游戏思想政治教育功能研究［D］. 长沙：国防科学技术大学，2012.

三、《情商加油站》与思政教学

新媒体的传播环境，使得传播的影响力更多地渗透到了教育领域。人们的认知、行为等都受到媒体的影响。在高校中可以运用互联网、严肃游戏等多种传播方式，运用体验式教学，不受时空限制，利用数字化智能辅助教学，让学生能更便捷地获取知识和咨询，将思想政治理论课的教学内容融入游戏当中，让学生在不知不觉中接受思想政治教育，北京理工大学研发的严肃游戏《情商加油站》，力图运用新的媒体手段，来探索思想政治教学的新途径。

以《思想道德与法治》为教学内容，根据课程的要求，针对学生在人际交往、环境适应、道德认知等方面的基本学习需要，研制适用于思政教学的教辅类严肃游戏软件。《情商加油站》将趣味性和知识性结合起来，通过人机互动的方法，使学生的主观能动性得到了最大程度的发挥，达到了"动漫、动心、动情、动脑"。这款游戏在开发完成后，在北京多所高校大学生中进行了应用测试，并在测试中挖掘出了其不足之处，针对学生的反馈意见，对游戏进行了进一步的改进与优化。这是高校思想政治理论课进行隐性教育的首次尝试，为大学生思政教育开拓了一个全新的研究视角，也促进了新的研究方法创新。

由于一款以培养情商为主要目标的严肃游戏的开发门槛较高，因此，为开发出与校园教辅需求相适应的软件，北京理工大学采取了校企合作的开发模式。建立了一支由思政教育专家、游戏设计专家、文学专家等组成的既有专业指导，又有实践经验的团队，团队成员密切配合、积极交流，联手开发了这款游戏。

从游戏的模块设计理念角度来看，《情商加油站》包含了形象创造、社交活动等模块设计内容。其中，社交活动是重中之重，这个模块中包含了"非诚勿扰""心情小屋"等项目。这种活动不仅能增强玩家间的情感沟通，还能增强游戏的趣味性。

严肃游戏在思想政治教学中有着非常明显的优势，具体体现在四个方面：一是体验式教学，以书面教学和课堂教育为主要形式的恋爱教育，尽管有一些成效，但是缺少实践的机会，学生无法真正体会恋爱过程中所遇到的问题，《情商加油站》游戏能够在网络虚拟环境中，模拟恋爱中可能出现的各种问题，让玩家在虚拟世界中进行游戏，根据游戏评测结果和专家的建议，为大学生解惑答疑。二是没有时空的约束。《情商加油站》利用网络媒介，打破空间和时间的局限，让学生能够在课余自主安排上线时间。三是数字化智能辅助教学，《情商加油站》可以统计学生在游戏中的行为数据，分析这些数据，对思政教学的开展具有一定的导向意义。四是大学生能更便捷、更容易获取知识和咨询。《情商加油站》的图书馆中存储着大量的知识性图书，只需要点击链接，就能直接阅读，极大拓展了书本内容。如果需要心理辅导，可以在网上进行心理咨询，得到及时的反馈。

《情商加油站》可以说是从大学生的现实需要出发，把思想政治理论课的教学内容融入严肃游戏之中，用一种游戏的方式来表达和传递思政课教学内容，让学生在不知不觉中接受思政教育。

开发团队在开发和应用思政教学辅助软件严肃游戏时，曾多次组织和参与了国家级、北京市的新媒体与思想政治教育教学研讨交流会，分享了研究结果、交流了经验，并听取了专家学者的建议，对其进行了持续改进。这种新型的教学方式，充分激发了学生的学习积极性、参与度，充分发挥了新媒体条件下思想政治理论课教师的主导作用。在各类学术杂志专栏中刊登了教学改革和成果，多家主流媒体介绍宣传。教育部对严肃游戏等新思政课理论教学方法给予了充分肯定，将其视为重要的创新。

第四节 MOOC 的移动教学探索

以新媒体技术为支撑的"慕课"（MOOC）发展迅速，主要体现在政策导向和发展趋势上。近年来，随着北京大学和清华大学学生纷纷加入美国在线教育平台 edX 的"慕课"课程，并建立起自己的"慕课"阵地。研究的角度已经由对"慕课"模式的理论分析,逐步走向了现实应用,不仅讨论了高等教育对教育发展的影响以及教育趋势,还对"慕课"在社区教育、网络信息安全课程教学等领域的应用进行了探索。推进高校思政教育"慕课"模式构建需要明晰思政理论课意识形态教育的目的性,同时要考虑到课程构建与运行管理的需要,要实现规则性教育转变为公众化教育、知识传递转向价值构建,无形中引导青年受众的思维和行为,构建受众观察和认知世界的思维方法和阐释视角,提倡并崇尚特定的价值取向。"慕课"的发展给高校思政教育在理念转换、技术应用等方面的教育教学改革提出了新的挑战。

一、对"慕课"教育模式理念的转换及规律探索的思考

以关联主义学习理论为基础的"慕课"教育模式,其特点是资源开放、自组织性等互联网学习的特点,它与传统课堂教学组织模式有着很大的区别,它非常重视在网络大数据背景下,学习者利用资源扩展和协作学习来拓展自己的知识界限,推动自己知识和观念的变化。"慕课"教育模式的特点与"以学生为主体,以教师为主导,充分发挥学生的主动性"的原则一致,与"以人为本"的教学原则相符,可以实现思政理论课教学最大限度尊重学生主体、强化学生主体意识、推动学生自身发展的目的,对增强学生的自我判断能力、引导他们树立正确的价值观等方面有着十分重要的作用。

(一)"慕课"模式教学理念:学习的他组织与自组织关系转换

在教学过程中,教师对学生进行引导,调动学生的积极性,学生主体的参与体现出学习的创造性,二者是辩证统一的。在思政理论课的教学中,逐渐体现出主体性教育理念,从现有的教学经验来看,新媒体技术的应用已经趋于完善,实践报告的展示、严肃游戏应用学习等实践教学过程,使他组织和自组织学习的有效转换,充分调动学生的能动性和参与性。

MOOC 将真实的课堂教学与实践教学活动虚拟化，建立了互联网平台和移动社交媒体构成的虚拟学习环境，使学生的学习活动从教室扩展到了日常生活当中，让学生能够充分利用"碎片化"时间，在不知不觉中实现思政理论课价值观教育。通过对"慕课"模式教学理念的系统分析，把握思政理论课教学规律和学生的思政道德发展规律，在此基础上，对"慕课"模式的教学管理和教学方式进行探索与尝试，提升学生参加思政理论课的积极性，增加了其感染力和说服力。

高校思政理论课的实践教学注重课堂内外的有机融合，突出价值观隐性教育，其目标为思政理论课意识形态教育实效性。"慕课"给思政理论课教学理念带来了新的影响：一是教学场所过渡到虚拟情境，"慕课"的教学架构将各教学环节从现实生活转移到了网络世界；随着移动互联网和社交媒体的普及，知识的加工和信息传播，突破了传统的集中授课环境，将知识传递拓展到学习者的私人空间。二是教学方法逐渐多元化。三是充实与教学内容有关的资料。

一是把教学场所作为中心，认为实践教学是相对于课堂讨论来说的，把组织学生走出课堂的参观访问、社会调查等，都纳入实践教学的范围内；二是从教学方法出发，将实践教学与教师讲授课程相对应，将学生主体参与的环节都列为思政实践教学，如，课堂讨论、角色扮演等都是思政实践教学；三是从教学内容出发，强调课程内容的实践性，而非因场所、形式而异。

但它们都有一个共同点，那就是重视教师的引导，在组织思政理论课的实践教学中，教师起到了很大的作用，教师始终是方案设计、参与评价的主要角色，而学生作为客体，在教师组织实施的教学活动中，指接收者。思政理论课的主体性实践教学理念，更多的是注重让学生按照自身的性格特征和专业特点，自主创设教学情境与形式，参加到对教学内容的讨论和延伸中来，让他们充分地发挥出自己的主观能动性。这个目标与目前微媒体环境中，互联网以社交媒体为基础开展的"慕课"模式，有着共同的课程特点。

(二)技术发展趋势:"慕课"模式的特征及组织原则

目前网络上热门的 MOOC 课主要是以关联主义学习理论为基础的,是由加拿大学者 Dave Cormier 和 Bryan Alexander 于 2008 年提出的,其中,典型的课程有 CCK、MobiMOOC 等。George Siemens 基于互联网时代的学习提出了关联主义学习理论,它的核心思想是:教师已经不是学习活动的核心,注重学习者的主体参与性,知识的再加工和分享获得了更大的空间,MOOC 课程模式作为对大众免费开放的网络课程,其组织原则为:一是信息的汇聚,根据互联网信息搜集和传播的特点,课程建设对互联网中的大量内容进行了整合,并通过网页或课程通讯对这些内容进行再加工,同时也为课程使用者开放,让使用者可以按照自己的兴趣来挑选。二是知识重组,即学习者在学习过程中对课程内容进行重新再加工或提出反馈,重组已有的学习资源,比如,写补充性意见等;信息的转用和再加工,在原来的学习资源基础上,激励学生进行创新,进一步补充学习资源,按照学习目标,编写新的学习内容。三是知识分享。学习者将自己加工好的学习资源在网络上进行共享,吸引更多人的回应和评论,使有价值的内容被更多的学习者分享和重组。

基于微媒体平台的"慕课"模式,注重知识的分享和再创造、教师的辅导和引导、学生的主体性参与,"慕课"课程模式建设的重要依托包括了传播媒介的互动性、健康的生态传播环境。基于微媒体的"慕课"模式为思政理论课实践教学模式提供了技术支持与可操作性。

(三)教学方法途径:课程特殊性和教育实效性结合

微媒体背景下,高校思政理论课实践教学方法,直接影响着思政教育实践教学的目标和效果实现。从实践途径上来看,通过微媒体平台达到教学目标的途径有多种,但从实践方法上看,它是教学过程所依赖的方式,需要借助一定的场所和手段来实现。在思政理论课实践途径上,主要包括课内实践与课外实践相结合、专业实践与思想政治理论课相结合等方面。从场域层面来看,实践教学途径可以分成课堂教学实践、校园教学实践、校外实践教学三种途径。这三种途径均能有效推动实践教学目标的达成。思政理论课实践教学成效的取得有赖于对其规律的深刻把握，以及对实践教学目的性和特殊性的深刻理解。思政理论课实践教学的实质就是与思政理论课教学有效配合，更好地将教材体系转换为教学体系，理论与实践相结合，运用新奇的形式来启发学生思考。通过实践教学，让学生在实践中掌握所学知识，提升他们的思想政治素养。

针对思政理论课教育教学目标的特殊性，结合我国实际情况，可以参考 MobiMOOC 模型，探索微媒体环境下的思政理论课方法途径，通过移动教学和"慕课"课程组织形式，创新高校思想政治理论课教学形式。基于上述认识，北京理工大学马克思主义理论教研部将微电影、案例分析等内容，融入思政理论课的实践教学中，并将严肃游戏与移动 MobiMOOC 模式作为主要课外实践教学环节，进行了有益的探索。

二、"慕课"的应用探索和发展趋势

高校思政理论课事关大学生的意识形态安全，而大学生的成长又与国家和民族的未来密切相关。从广义上来看媒介教育，无论是儿童还是成人，媒介教育都不应只是学校或大学教育中的一环，而应是一项长期的社会教育活动。将媒介教育纳入意识形态教育的范围中，将使得大学生阶段成为学生一生中意识形态教育的关键阶段。在新时期、新形势下，需要高校思政理论课更新观念，用媒介教育的标准和要求去寻找新的途径。目前，我国高校思政理论课改革不仅需要对媒介教育观念进行更新，而且要结合我国大学生意识形态教育中的现实状况，在实用性和实效性上，找到一条以教育为理念、技术为核心的新途径。在微媒体的推动下，高校思想政治理论课教学呈现出隐性教育辅助显性教育、信息传播辅助课堂教学的新态势，这就亟需通过微媒体构建思政理论教学新平台。

北京理工大学马克思主义理论教研部近几年来在这方面进行了一些探索：首先结合微电影、课堂讨论，课堂内外相结合的主体性实践教学模式。由教师在课堂上对思政理论内容进行讲解，学生根据自身对教材和教学理念的理解，展示自己制作的关于人生价值、爱国主义等的视频，并通过小组合作、学生讲解等方式，将课堂内的理论认识拓展到课外。

其次，开发严肃游戏。在"严肃游戏"的意识形态教学模式下，能够对高校思政理论课教学起到很好的促进作用。严肃游戏由于其隐蔽性、节约便利性等特点，已经逐渐成了符合新思想政治教育要求的一种途径。

最后，以微信、微博等为媒介的"慕课"模式，重点在高校思政理论课的 MobiMOOC 模式。随着互联网的迅猛发展，目前，大学生已是国内移动互联网的主要用户群体，以微信为代表的移动社交媒体的快速发展，使得各大高校逐渐将微信作为自媒体平台和社交应用软件，充分发挥其辅助教育教学功能。比如，北京师范大学微信官方账号是由学校宣传部负责运营的，它通过向学生定期推送校园资讯，保障了学校和学生之间的信息交流畅通。吉林大学微信官方账号"还睡呀"会定期发布学校科研进展、课程信息等；北京理工大学将思政教育微信平台和思政理论实践教学紧密结合在一起，借鉴国外 MobiMOOC 模式架构，将社交媒体微信作为移动教学的核心，将其与教育部高校思想政治理论课程网站、严肃游戏辅助思政教学软件"人际大学堂"相联系，设计适用于思政理论课教学的 MOOC 模式运维框架。

（一）思政课 MobiMOOC 课程模式探索

将"慕课"课程模式引入到思想政治理论课的实践教学中，通过移动学习，开辟高校思政教育新阵地和新战场，有着非常重要的现实意义。腾讯旗下的即时通讯软件微信，已经成为目前全球使用人数最多的移动通信应用。使用者可以通过手机、平板、网页等即时传送音频、图文等。微信的公众平台、朋友圈、消息推送等功能，为 MobiMOOC 课程模式提供了强有力的技术支持。因此，在分析 MobiMOOC 课程模式应用于高校思政理论课时，提出符合思想政治理论课教学目标的学习管理系统框架，并尝试提供了 MobiMOOC 的设计概况，对未来的研究进行了展望。

1. 课程中心网站

在构建"慕课"课程模式时，组建课程中心网站有三种主要的工具，即Wiki、博客、自建平台。其中，Wiki和博客开放性强，具有较好的社交特征，功能简单；而自建平台可以通过现有的高校思想政治理论课的网站来实现课程定制。

2. 课程讨论空间

论坛是课程参与者进行沟通的一个重要空间，他们可以就现有的话题进行讨论。但是，在互联网上发表言论具有很大的随意性，很难对内容进行统一的规范与管理，造成了大量的知识信息碎片化。微信的信息引导功能，能够为课程讨论空间提供外链，并整理和发布碎片化的信息，形成了微信MobiMOOC模式的初步形态，同时也为课程答疑、资源分享等提供了解决方案。

3. 人际互动工具

目前的"慕课"模式主要是利用微博这一工具来快速发布信息、表达观点、交换信息资源，并与其他参与者进行交互。但是，由于微博本身的开放性，使得它更多地侧重于互动。而微信是社交媒介，它所具有的一对一、一对多的信息传播方式，可以为人们的互动和信息分享提供便捷。

4. 课程资源分享工具

例如，各种视频分享网站、FTP上传网站等。

5. 虚拟教室工具

"慕课"课程的参与者在线互动一般采用的虚拟教师工具包括Skype、WebEx等，有课程协调人会定期安排在线研讨。微信的视频、语音、渠道的外链都可以支持这类功能实现。

6. 课程门户生成

由课程协调人将课程内容、学习者生成的内容进行整理后，以简易信息聚合或课程日报邮件的方式分享。例如，微信官方账号，可以进行更深层次的API（应用程序编程接口）开发，推送校内新闻相关信息，作为一个宣传渠道，在进一步开发API的基础上，实现更多的校园CRM（客户关系管理）服务或MobiMOOC模式服务。

7. 需要注意的方面

将微信作为自媒体推送信息，其内容处理如果不够慎重、信息发布得频率过高，则会引起使用者的反感。若利用微信完成 CRM 乃至教学服务的领域，使教师可以通过微信和学生建立服务联系，这将大大提高教育机构的口碑。

为了实现以上的功能，要针对微信公众号 API 进行深入的开发，目前已经实现了选课、咨询、优惠券等功能，但 CRM 功能的实现还需要微信官方开放更多 API 权限。

北京理工大学 MobiMOOC 模式教学平台，面向上千名大学生展开思想政治理论教学，展开期间持续推送和追踪信息，学生的日常信息阅读反馈活跃，显示出了 MobiMOOC 模式的传播互动优势。对于加强思想政治理论课课程的黏性、提高意识形态教育的时效性有着重要的作用。将微信作为移动教学的枢纽，与微博、论坛等微媒体平台相结合，建立以社交媒体为基础的 MobiMOOC 模式，是在微媒体背景下，一种高校思政理论课实践教学创新的模式。

（二）基于 MobiMOOC 模式高校思想政治理论课创新的评价

MOOC 作为一种以自学为主的开放、非正规的在线学习课程，也有需要完善的方面。作为课程的组织者，不仅要具备较强的专业素养，同时也要具备较强的组织与协调能力。特别是针对高校思想政治理论课自身的特点，其课程设计和授课模式应具备可控性。基于借鉴国外"慕课"课程运作模式和技术平台，高校思想政治理论课 MobiMOOC 模式结合了我国教育实际需求，以及移动社交媒体的发展实际，将大学生作为教育主体，通过移动教学实现课内和课外的有效衔接，在互联网环境下，建设适合于中国实际需求的"慕课"教学模式是非常必要的。"慕课"课程若缺乏专门的指导和监督，以及强制要求和考核标准，则学习者很有可能缺乏学习动机，针对这一问题，MobiMOOC 模式还需要吸取自媒体发展的一些经验，采用主动推送的方法，把信息推动到学生的移动终端上，将信息需求、阅读兴趣等有机联系在一起，才能更好地吸引学生。

参考文献

1. 李林英，郭丽萍. 新媒体环境下高校思想政治教育教学研究 [M]. 北京：人民出版社，2015.
2. 许建宝. "微时代"背景下的高校思想政治教育 [M]. 长春：东北师范大学出版社，2017.
3. 陈万柏，张耀灿. 思想政治教育学原理 [M]. 石家庄：高等教育出版社，2015.
4. 季海菊. 新媒体时代高校思想政治教育的解构与重塑 [M]. 南京：东南大学出版社，2014.
5. 刘秉亚. "微时代"高校思想政治教育创新研究 [M]. 成都：西南交通大学出版社，2017.
6. 陈金平. 多媒体时代高校的思政教育研究 [M]. 北京：北京工业大学出版社，2020.
7. 王静. 全球治理人才培养背景下的思政教育体系建设 [M]. 北京：中国商务出版社，2021.
8. 李娟. 全媒体环境下高校思政教育改革创新研究 [M]. 北京：北京工业大学出版社，2020.
9. 李小丽. 微时代高校思想政治教育话语分析及发展前沿问题探究 [M]. 北京：新华出版社，2017.

10. 钟良，刘晨，白露. "微时代"背景下普通本科高校思政工作理论与实践探讨［M］. 成都：电子科技大学出版社，2019.

11. 郭娟娟. 新时代高校思政课教学模式改革研究［M］. 合肥：合肥工业大学出版社，2022.

12. 马文君. 微传播时代高校思政教育问题研究［M］. 沈阳：辽海出版社，2018.

13. 杜林冬，李红卫，周菊芳. 新媒体时代高校思政教育发展与创新［M］. 北京：光明日报出版社，2017.

14. 陈旭. 新时代高校网络育人研究［M］. 哈尔滨：哈尔滨出版社，2020.

15. 刘贵花. 互联网时代高校思想政治工作研究［M］. 北京：现代出版社，2017.

16. 郑华，王珂，李燕燕. 信息化时代高校思想政治教育的结构与重塑［M］. 北京：九州出版社，2017.

17. 王明辉. 新媒体时代高校思想政治工作新论［M］. 北京：光明日报出版社，2016.

18. 贾哲，宋璐. 高校思想政治教育载体研究［M］. 大连：大连理工大学出版社，2020.

19. 肖亚鑫. 新媒体与大学生价值观的培育研究［M］. 长春：吉林大学出版社，2019.

20. 赵婷婷，马佳，秦曼. 互联网时代大学生思想政治教育改革路径探索［M］. 长春：吉林大学出版社，2023.

21. 李冰. 新时代大学生思想政治教育概述［M］. 长春：吉林大学出版社，2022.

22. 陈丽萍. 基于新媒体环境的大学生思想政治教育研究［M］. 湘潭：湘潭大学出版社，2021.

23. 林立荣. 融媒体时代下大学生思想政治教育发展探索［M］. 长春：吉林大学出版社，2023.

24. 曾洁. "互联网+"背景下高校思政教育模式探索［M］. 北京：

世界图书出版公司，2017.

25. 钟家全. 互联网与新时代高校思想政治教育队伍建设［M］. 成都：西南交通大学出版社，2021.